CW01647956

WOLF

© Katja Sämann

SAŠA STANIŠIĆ wurde 1978 in Jugoslawien geboren und lebt seit 1992 in Deutschland. Seine Bücher wurden in über dreißig Sprachen übersetzt und vielfach ausgezeichnet. Jajaja, aber was heißt das schon? Preiselbeeren sind leckerer als Preise. Außerdem waren das Erwachsenenbücher. Was zählt, ist für Kinder.

Stanišić schläft und arbeitet in Hamburg. Er kann (schlecht) Gitarre spielen.

© Anja Jung

Regina Kehn wurde 1962 in Hamburg geboren und studierte an der Fachhochschule für Gestaltung in Hamburg Illustration. Seit 1988 ist sie als freiberufliche Illustratorin für verschiedene Verlage und Zeitschriften tätig und wurde für ihre Arbeit mehrfach ausgezeichnet. Sie lebt mit ihrer Familie in Hamburg.

MIT BILDERN
VON REGINA KEHN

CARLSEN

Dieser Roman basiert auf der Erzählung »Ferienlager im Wald«
von Saša Stanišić, die erstmals 2016 in dem Buch »Fallensteller – Erzählungen«
im Luchterhand Literaturverlag erschienen ist.

Wir produzieren nachhaltig

- Klimaneutrales Produkt
- Papiere aus nachhaltigen und kontrollierten Quellen
- Hergestellt in Europa

FSC www.fsc.org MIX Papier | Fördert gute Waldnutzung FSC® C021394

Wir behalten uns die Nutzung unserer Inhalte für Text- und
Data-Mining im Sinne von § 44b UrhG ausdrücklich vor.

Veröffentlicht in der Carlsen Verlag GmbH
Völckersstraße 14–20, 22765 Hamburg
März 2025
Copyright © 2023, 2025 Carlsen Verlag GmbH, Hambug
Umschlag- und Innenillustrationen: Regina Kehn
Umschlaggestaltung: formlabor unter Verwendung
der Umschlaggrafik von Regina Kehn
ISBN 978-3-551-32249-4

Kostenloses Unterrichtmaterial zu diesem Buch und vielen
weiteren Büchern gibt es unter carlsen.de/schule.

Carlsen-Newsletter: Tolle Lesetipps kostenlos per E-Mail!
Unsere Bücher gibt es überall im Buchhandel und auf carlsen.de.

Für Flo

Inhaltsverzeichnis

I
Wieso zeigen Prospekte für Wälder nie die Splitter im Finger oder die Zecken?

Mutter und ich machen Salat. Ich liebe es, mit Mutter Salat zu machen, wir reden dann nur über den Salat. Wir sind komplett für den Salat da.

Heute ist es anders. Heute beginnt Mutter ohne Not einen Satz mit »übrigens«. Sätze, die meine Mutter mit »übrigens« beginnt, enden nicht gut für mich.

»Übrigens«, sagt also meine Mutter und schält den Knoblauch, »ich habe dich zu einem Ferienlager angemeldet.«

»Sie belieben wohl zu scherzen?«, sage ich in die Gurke wie in ein Mikro und halte ihr dann das Gurkenmikro hin.

»Erste Ferienwoche. Ich krieg da nicht frei. Gib mal bitte die Knoblauchpresse.«

»Verehrtes Publikum«, sage ich und wende mich an die Tomaten, »die Knoblauchdame scherzt nicht.« Ich reiche ihr die Presse und beschließe, die Sache ebenfalls ernst zu nehmen. »Ich kann doch zu Oma«, schlage ich vor.

»Oma macht Malkurs in Malente.« Mutter presst den Knoblauch mit Gewalt in die Soße. »Außerdem: Ein bisschen Natur wird dir guttun.«

»Natur? Mir? Mama, seit wann kennen wir uns?«

»Abende am Lagerfeuer, Folienkartoffeln in der Glut?«

»Rauch in den Augen, die Zunge verbrannt? Und bitte. Es gibt doch kein traurigeres Feuer als eines, in dem Folienkartoffeln braten!«

»Hör zu«, sagt Mutter und sieht mich an. »Es ist nur für eine Woche. Das Ferienlager liegt mitten im Wald und –«

»Im Wald? In den Wald geh ich auf keinen Fall.«

»Fast alle aus deiner Klasse kommen mit«, sagt Mutter.

»Fast alle aus meiner Klasse sind mir komplett egal«, sage ich.

»So eine Woche kann das ja ändern«, sagt Mutter.

»Warum sollte ich das ändern wollen?«, sage ich.

Aus ihrer Küchenschürze hext Mutter eine grelle Ferienlager-Broschüre. Sie trägt die Überschrift:

ABENTEUER WALD
ABENTEUER MENSCH

Vorne zeigt ein Foto ein paar Hütten auf einer Waldlichtung.

»Guck, wie hübsch die Bäume sind«, sagt Mutter.

»Ich finde Bäume nur als Schrank super«, sage ich.

Mutter wischt sich mit dem Handgelenk eine Strähne aus dem Gesicht. Die Geste macht, dass sie komplett müde aussieht.

Ich seufze und klappe die Broschüre auf. Der Waldbroschürenwald sieht aus, als hätte jemand gerade durchgesaugt, und die Waldbroschürenlichtung, als hätte jemand das Gras gekämmt. Ich wette, die Hütten auf der Lichtung wurden extra sauber geschrubbt für die Fotos. Wüsste man nicht, was für heimtückische Zeitgenossen Wälder sind, könnte man sie wegen solcher Broschüren für komplett harmlos halten.

Keine Brennnesseln, kein dorniges Dickicht – ich meine, allein schon das Wort »Dickicht«!

Auch Insekten sind nicht zu sehen, keine Zecken, keine Mücken. Und Mücken, Mücken sind das Letzte. Es wurden mal tausend Leute statistisch befragt, was sie gern aussterben lassen würden, wenn sie es könnten, und jetzt rate mal, auf welchem Platz die Mücke gelandet ist?

Richtig.

Ich gebe Mutter die Broschüre zurück. »Sorry«, sage ich, »aber das ist wirklich nichts für mich.«

»Sorry«, sagt Mutter, »aber wir diskutieren das nicht. Olivenöl, bitte.«

»Entscheidungen, die mich betreffen«, sage ich, »wollten wir doch diskutieren.«

»Diese Entscheidung betrifft vor allem mich«, sagt Mutter leise und mehr zur Salatsoße als zu mir. »Also: Entweder ist es das Ferienlager oder die Ferienbetreuung an der Schule.«

Das sitzt. Sie weiß, wie komplett ich die Ferienbetreuung hasse. Mies bezahlte Erzieher denken sich miese Aktivitäten aus für eine Meute mies gelaunter Daheimgebliebener, deren Eltern sich keinen Urlaub erlauben dürfen oder leisten können. Hölle. Im Sommer letztes Jahr musste man sich gleich am ersten Tag zwischen »Basteln mit Pappmaschee« und »Gaudi im Schulgarten« entscheiden, und ich hätte am liebsten alles angezündet: das Pappmaschee, den Schulgarten und die Gaudi, die darin bestand, irgendwas zu graben, irgendwas zu gießen und irgendein armes Insekt mit einer Lupe zu stalken. Ich entkam, versteckte mich vier Stunden lang auf dem Klo und zählte vier Stunden lang die Fliesen, das war spannender.

Mutter schneidet Schnittlauch. »Ich habe auch schon Pläne gemacht. Du weißt doch, wie das ist, das ... alles«, fügt sie nun hinzu mit einer Stimme, als täte der Lauch ihr leid.

Ich weiß es, natürlich weiß ich es. Seit wir zu zweit sind und alles zu zweit wuppen, muss Mutter superviel arbeiten. Ihr bleibt wenig Zeit und Kraft für sich.

Dass sie Pläne gemacht hat, Pläne ohne mich, finde ich okay. Mütter sind okay. Ist auch echt nicht einfach mit mir. Neulich hab ich versucht, ein T-Shirt im Toaster zu trocknen.

»Zeig noch mal«, sage ich und deute auf die Broschüre, als könnte es da wirklich etwas geben, das mich interessiert.

II
In Grüppchen stehen und über andere Grüppchen lästern

Selbstverständlich findet die Abfahrt zu einer Uhrzeit statt, wo man alles, was nicht Schlafen ist, unter Strafe stellen müsste. Treffpunkt ist ein grauer Busparkplatz am grauen Stadtrand. Ja, es wird Bus gefahren, dreihundert Kilometer Schaukelei in der Atemluft von vierzig Gleichaltrigen. Ich hoffe, es gibt genug Kotztüten.

Mutter hatte leider recht: Fast alle aus meiner Stufe scheinen in den Wald zu wollen, was ist nur los mit der Jugend von heute? Ausnahme sind Amir, Eset und Özlem, die wahrscheinlich schön in der Türkei chillen bei Oma und Opa. Und ein paar von den reichen Kids, die in irgendwelchen Resorts mit ihresgleichen Reichen-Tennis spielen.

Sogar Jörg ist da. Hundertpro hatte auch er keine Wahl. Ich kann mir wirklich nicht vorstellen, dass Jörg auch in den Ferien freiwillig Zeit mit uns verbringt. Steht abseits, wie immer abseits. War der je mal im Wald? Der Rucksack, den ihm sein Vater umschnallt, um an ein paar Gurten zu ziehen, sieht alt und grau aus und wirkt zu klein. So Pins sind drauf, uncooler geht es nicht. Die beiden umarmen einander und machen so einen komplizierten Handschlag. Lächeln sich an. Lieb.

Sonst, wie in der Schule: lauter Grüppchen. Die Netten, die Zocker, die Sportler, die Einser, die Pferdemädchen.

Und Marko und seine beiden Jungs: die Dreschke-Zwillinge. Sind jetzt schon beunruhigend gut drauf. Lachen zu laut, lachen einfach, um zu laut zu sein. Das fieseste Lachen ist das unechte, oder?

Was machen die da an den Reifen? Hey, ich will nicht in einem Bus sterben, wegen Idioten in baugleichen Steppwesten. Okay, scheint bloß »dummen Spruch auf die Felge kritzeln« zu sein. Was über Mädchen vermutlich. Oder über Jörg.

Auch die Eltern warten in Grüppchen, dass wir losfahren. Die Ausländereltern stehen zusammen, die Ökos lassen eine Tupperbox mit Radieschen kreisen, die Jacken der Outdoor-Eltern reflektieren sinnlos vor sich hin. Die würden am liebsten mitfahren, also, die Outdoor-Eltern und ihre Jacken. Die Eltern von Marko und seinen Kumpels sind auch Kumpels und lachen ebenfalls zu laut.

Ich grüße niemanden, wuchte meine Tasche in das Gepäckfach und steige direkt in den Bus. Ein schläfriger Rentner hakt meinen Namen auf einer Liste ab. Ich hoffe, mein Auftritt zeigt meine schlechte Laune. Draußen wird aber einfach weitergequasselt, meine Laune interessiert niemanden.

Ein Elternpulk hat sich um eine junge Frau mit Dreadlocks und einen jungen Mann mit Ziegenbart versammelt – vermutlich Betreuer, die eine letzte Sprechstunde halten. Mutter ist nicht dabei und hat sich auch nicht unter die anderen Eltern gemischt. Sie lehnt an unserem Auto und raucht. Sonst hat oft jemand Mitleid mit ihr, so als Alleinerziehender, und stellt sich dazu, fragt, wie es geht, ob sie was braucht. Mutter mag das gar nicht, glaub ich.

Jetzt kommt niemand. Vielleicht weil sie raucht? Alleinerziehend und alleinrauchend ist den Leuten dann doch zu viel.

Vielleicht raucht Mutter, *damit* keiner kommt?

Ich fänds okay. Und wünsche mir, dass doch jemand rübergeht zu ihr.

Sie hat mich am Fenster entdeckt und winkt. Ihre Hand sieht froh aus. Weil ich weggehe, denke ich.

Kompletter Quatsch natürlich. Mutter lächelt nämlich für mich und nicht für sich. Behaupte ich jetzt einfach als Lächel-Experte. Die Kippe zwischen ihren Fingern, ein kleines Rauchzeichen.

Ich muss schlucken und weiß gar nicht, wieso. Weil ich Mutter nicht jetzt, aber sicher bald vermisse?

Würde ich natürlich nie zugeben, du spinnst ja. Und winke dann doch zurück.

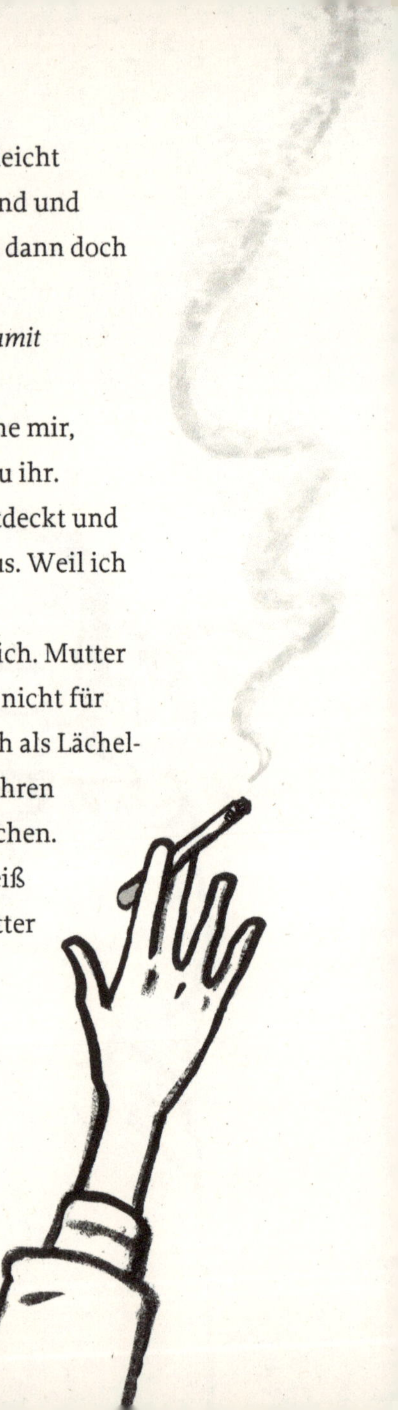

III
Was würdest du aussterben lassen, wenn du was aussterben lassen könntest?

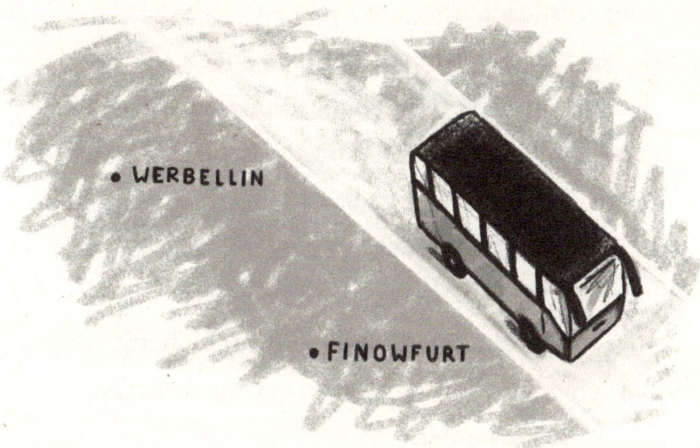

Ich zuerst Mücken, dann Waffen, dann Nicht-sagen-wie-es-dir-wirklich-geht, dann lange Busfahrten. Das einzig Gute an unserer Busfahrt war: Ich habe nicht gekotzt!

Dafür musste ich mir fünf Stunden lang anhören, wie der ziegenbärtige Betreuer, der sich als Piotr Pietritsch vorstellte, »aber ihr dürft mich ›Piet‹ nennen«, wie dieser Pietritsch also zu jedem Kaff den *Wikipedia*-Artikel über die Sprecheranlage vorgelesen hat.

Hast du je von »Schluft« gehört? Ja, das ist ein Dorf, wir sind da durchgefahren. Wurde 1752 von Spinnern gegründet. Bestimmt spaßig da, denkt man erst. Gemeint sind aber gar nicht die interessanten Spinner, die ein bisschen anders drauf sind, sondern – ach, guck doch selber nach.

Spinner würde ich übrigens nicht aussterben lassen. Gegen ein bisschen Spinnen ist nichts einzuwenden.

Auch die anderen Betreuer haben Spitznamen. Es gibt die »Bella«, das ist die mit den Dreads, die »Zora«, tätowiert und muskulös und schwarzes Band-T-Shirt, und es gibt den »Koko«. Das war der Rentner mit der Liste am Morgen. Der hat die komplette Busfahrt verpennt. Neid! Heißt eigentlich Koriander mit Nachnamen. Also, vermutlich heißt er nicht so. Er hat seinen Namen aber derart vernuschelt, also heißt er jetzt eben Herr Koriander.

Vielleicht ist es Vorschrift, einen Spitznamen zu haben, wenn man Ferienbetreuer ist, um cooler und interessanter zu erscheinen für uns? Dabei müsste doch dem Letzten klar sein: Cool und interessant bist du, wenn du Cooles und Interessantes sagst oder tust. Dann ist auch egal, wie du heißt.

Außer du heißt Jörg und bist unter fünfzig. Das ist schon hart, ehrlich. Bei unserem Jörg ist es allerdings so: Der könnte heißen, wie er will, die meisten fänden trotzdem alles, was er abliefert, uninteressant und uncool. Der Name macht es bloß noch schlimmer.

Und weil ich Jörg schon wieder erwähne: Ich beobachte den nicht extra, er fällt von allein auf.

Oder anders: Man lässt ihn auffallen. Wie? Indem man alles, was er macht, schlechtmacht. Kann auch das Normalste der Welt sein. Jörg könnte einfach dasitzen und geradeaus gucken, und einer wird vorbeikommen und sagen: »Wie sitzt du denn?« Oder: »Warum guckst du so?«

Zum Beispiel heute im Bus. Da hatte sich Jörg den Sitzplatz ganz vorne geschnappt. Wollte vielleicht einfach in Ruhe durch die große Windschutzscheibe gucken, ist ja in Ordnung, wer will das nicht? Oder er wollte so weit weg wie möglich von Marko und seinen Jungs sitzen. Da die sich, klar, nach ganz hinten geboxt hatten, war für Jörg der Zweier schräg hinter dem Fahrer die logische Wahl.

Blöd nur, dass die Betreuer auch vorne saßen. Pietritsch, die mit *Wikipedia* gefüllte Labertasche, direkt neben Jörg. Und der hat irgendwann Jörg gefragt, wie er denn heißt. Jörg hat »Jörg« gesagt. Und der Pietritsch hat gefragt, ob Jörg sich auf das Ferienlager freue. Jörg hat »Geht so« gesagt – und warum weiß ich das? Weil Pietritsch sein Mikro nicht ausgeschaltet hatte, also hörte jeder im Bus jedes Wort.

Weiter sprachen sie über Busse, weil es halt einfach ist, über etwas zu sprechen, in dem du sitzt. Und normal wäre nichts weiter gewesen, man hätte über das Mikro-Ungeschick gelacht und gut.

Das Normale bleibt aber selten normal, wenn es Jörg

betrifft. Ich wusste, einer von hinten wird das Ganze blöd kommentieren. Es war ein Dreschke-Zwilling, ich glaube, Dreschke 2.

»Schleimer!«, rief er durch den Bus, komplett sinnlos. Wofür würde man sich bei einem Ferienbetreuer einschleimen? Dass er dich zehn Minuten später weckt als den Rest, oder was? Lächerlich.

Na ja. Pietritsch hat sich im Sitz umgedreht, als wollte er was sagen, hat aber nichts gesagt, sondern nur das Mikro ausgeschaltet und später wieder eingeschaltet, um den *Wikipedia*-Artikel von einem Kaff namens Finowfurt zu lesen und dabei sein Ziegenbärtchen zu streicheln.

Jörg hat auch nichts gesagt, Jörg hat seinen Zauberwürfel ausgepackt, und dann hat er gedreht und gedreht und gedreht, und die Farben sind nur so geflogen in seinen Händen.

IV
Unfreiwillig hier

Kurz vor der Ankunft sprühe ich mich derart mit Mückenzeugs ein, dass der halbe Bus aufspringt, um die Fenster zu öffnen, was aber nicht geht, weil das so ein Bus ist, wo du nichts öffnen kannst. Und in der Sekunde, in der ich den Bus verlasse, werde ich ins Knie gestochen.

Ich erkenne die Lichtung aus dem Waldprospekt kaum wieder. Das Gras ist viel höher als auf den Fotos, ich höre schon die Zecken mit den Zungen schnalzen. Die Blockhütten dämmern gleichgültig vor sich hin, sie sehen komplett aus, als hätten sie keine Lust auf uns oder überhaupt Lust, Hütten zu sein. Blasses Holz, verstaubte Fenster, sogar die Spinnweben hängen bloß als lose Fäden traurig runter. Als sie uns kommen sehen, verdrehen sie die Augen.

Haben Zecken überhaupt Zungen?

Zentral auf der Lichtung ein Brunnen und der obligatorische Feuerplatz, und um den Feuerplatz ein paar lange und greise Holztische. Eine Mückenwolke wabert über dem Brunnen. Weiter hinten krümmt sich ein Basketballkorb ohne Netz. (Und ohne Ball, wie sich herausstellt.)

Bevor wir in die Hütten dürfen, müssen wir gleich was müssen: uns am Feuerplatz versammeln, wo Pietritsch lächelnd befiehlt, dass jeder erzählen »darf«, worauf er oder sie sich am meisten freut – »Hier in der schönen Natur!«

»Ich freu mich auf nichts«, sage ich gleich als Erster. »Ich lehne die Natur ab!«

Das hat Pietritsch nicht erwartet. »Hä? Geht das überhaupt?«, fragt er, ehrlich verunsichert. »Natur kann man doch nicht ablehnen, die ist überall.«

»Das ist ja das Doofe«, sage ich.

»Aber du bist hier«, sagt Pietritsch und breitet die Arme aus.

»Unfreiwillig«, sage ich. »Ich bin unfreiwillig hier.«

»Ey, ignoriert den bitte!« Das ist Marko. Er kommt ein paar Schritte auf mich zu, wie um mich eben mal nicht zu ignorieren, bleibt dann doch stehen und ruft: »Ich freue mich ...« Dabei deutet er mit dem Zeigefinger in die Runde, als ob er jemanden suchen würde. »Ich freue mich auf *die Spiele.*«

Er sagt das so, dass allen, die ihn kennen, klar sein muss, es geht um was Fieses. Niemand fragt, was er meint, und vor allem auch nicht, *wen.* Es ist bloß kurz still auf der Lichtung, weil gleich zwei merkwürdige Wortmeldungen verdaut werden müssen.

Dann geht das muntere Freuen einfach weiter mit Lotte

aus der Parallelklasse, die enthusiastisch ruft: »Ich freu mich voll auf Käfer!«

Meine Klasse kennt mich tatsächlich gut genug, um mich zu ignorieren. Nennt sich Reputation. Meine Reputation ist die von einem, der sich gern beschwert und der gern keine Lust auf nichts hat. Beides stimmt aber gar nicht. Ich beschwere mich nur über Unsinn gern, und es gibt eben so viel Unsinn. Und ich habe fast immer Lust auf ein Buch oder ein Gespräch über die Börse, was beides fast nur mit Erwachsenen zu haben ist.

Die Betreuer kennen mich nicht und dürfen mich beruflich ja aber nicht ignorieren wahrscheinlich. Bella spricht mich jedenfalls an, noch während die anderen mit ihrer Vorfreude zugange sind. Sie geht vor mir in die Hocke und sagt: »Ich habe dich gehört.«

»Okay«, sage ich.

»Natur ist alles, weißt du?« Sie schließt die Augen. »Diese Wiese ist Natur, unser Atem, wir selbst sind Natur. Natur abzulehnen heißt, sich selbst abzulehnen.« Sagt sie. Oder haucht es eher.

»Okay«, sage ich.

Bella heißt eigentlich Patrizia Bellmann und hat sich im Bus zwischenzeitlich Videos angeguckt von Frauen, die Bier trinken und Yoga machen im Sonnenuntergang. Auf Bellas Händen sind so kakaofarbige Muster, und ihre Dreads riechen nach Blättern, wenn die im Herbst ein bisschen länger rumliegen.

»Natur ist ein Geschenk! Sei wie sie«, sagt Bella und öffnet endlich die Augen. »Sei frech und wild und wunderbar!«

Den Spruch habe ich mal auf einer Cornflakes-Packung gesehen.

Ich sage: »Okay.«

Eine freche, wilde Mücke landet auf Bellas Unterarm. Sie drischt sie tot und entfernt sich.

Auf »Bella« folgt »Zora«: »Was ist denn los, keine Lust?«

»Wie gesagt«, sage ich.

»Kriegen wir hin«, sagt Zora.

»Kriegen was hin?«, frage ich.

»Ja, da musst du erstmal sagen, worauf du keine Lust hast.«

Ihre Selbstsicherheit verunsichert mich. »Willst du nicht erst mal wissen, wie ich überhaupt heiße?«

»Gibt gleich ein Kennenlernspiel«, sagt sie.

»Auch das noch«, sage ich.

»Erklär doch mal, interessiert mich wirklich.« Zora zeigt auf mich, ihre Finger zu einer Pistole geformt. »Was magst du denn nicht? Gib mal ein Beispiel.«

»Okay, ich versuche es«, sage ich und will es echt versuchen. »Dort die Hütte, da sind doch sicher die Duschen und die Klos, oder?«

»Ja«, sagt Zora.

»Würdest du sagen, die Duschen und die Klos, die sind Teil der Natur?«

»Nein«, sagt sie. »Das sind Duschen und Klos.«

»Falsch. Diese Duschen und diese Klos sind genauso Natur wie das Gras oder die Bäume. Solche Duschen und solche Klos kommen nämlich nur in der Natur vor. Kein Mensch baut so was in der Stadt, höchstens mal auf einem Zeltplatz, und Zeltplätze in der Stadt sind ja auch nur Naturattrappen.«

Ich liebe es, wenn ich so rede.

»Und was heißt das jetzt?«, fragt Zora.

»Ohne drinnen gewesen zu sein, weiß ich, wie die Duschen

und die Klos aussehen. Die Waschbecken, die Kabinen, innen an den Türen doofe Sprüche, und Fliesen überall. Sobald der Erste durchgelaufen ist, kriegen die Fliesen so Schlieren. Graue, schmutzige Schlieren. Bald kleben dann Klopapierfetzen am Boden und an den Wänden, und Haare verstopfen den Abfluss. Ich weiß sogar, wie es spätestens übermorgen riechen wird: nicht gut! Das ist eben die Natur von Duschen und Klos in der Natur. Und das ist doch die Hölle. Es ist die komplette Hölle, dort zu duschen, und ich lehne es ab, Zähne zu putzen oder Geschirr zu spülen, während hinter mir einer strullert.«

Zora ist für einen Augenblick still. Sehen ihre Tattoos etwa ein, was ich meine? Nein.

»Geh halt nicht barfuß rein oder dusch die Woche nicht«, sagt Zora, wuschelt mir durch die Frisur, als wäre ich sieben, und lässt mich stehen.

Das lief ja super.

Mit Sich-Freuen ist gerade Benisha dran. Ein quirliges Mädchen aus meiner Klasse, dem ich nicht ungern beim Sich-Freuen zuhöre.

Sie sagt: »Ich freue mich am meisten auf das Abenteuer.«

Und sieht mich an. Sieht sie *mich* an?

V
Jörg

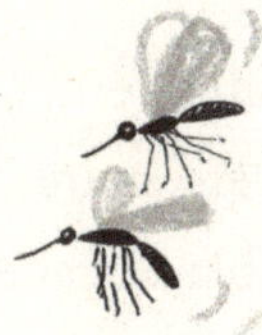

Nach meinem Geschimpfe will sich mit mir niemand einen Schlafraum teilen. Und weil sich auch mit Jörg niemand einen Schlafraum teilen will, werden Jörg und ich zusammengetan. So geht Demokratie.

Weil Jörg jetzt wieder vorkommt, ahnst du sicher schon, dass es hier auch um ihn geht. Jörg und ich sehen uns im Schlafraum um, und weil ich gerade über ihn nachdenke, während ich auf seine Antwort auf meine Frage warte, ob er im Hochbett lieber unten oder oben schlafen will, kann ich noch ein bisschen was über ihn erzählen.

Es ist so: Mit Jörg will so gut wie niemand etwas zu tun haben. Jörg verbringt seine Pausen allein mit seinem Brot. Mit Jörg verabredet sich niemand nach der Schule. Und wenn wir in Gruppen arbeiten, teilen die Lehrer Jörg schon mal vorsorglich zu Leuten ein, von denen sie wissen, dass sie ihn in Ruhe lassen.

Jörg ist halt so einer, kennt jeder. Einer, der anders ist, und, bitte, versteh mich nicht falsch! Natürlich sind wir alle anders, bla, bla. Sogar die, die absichtlich einander ähnlich sein wollen, sich ähnlich anziehen, dieselbe Musik mögen, bescheuerte Teamsportarten trainieren, so was. Auch die sind, jeder für sich, anders, also eigen.

Jörg ist wie alle eigen und wie alle anders, er wird aber von den anderen noch mal *andersiger* gemacht, verstehst du? Man kann jemanden nämlich absichtlich *verandern.* Sorry, mir fallen nur erfundene Wörter ein.

Weil, auch wenn du komplett doof wärest oder komplett helle oder was auch immer: Das müsste ja niemanden interessieren. Es gibt aber immer welche, die es interessiert. Nicht aus Neugier. Aus Stressgier. Deine Eltern sind arm? Opfer. Sind Bonzen, die eine Schuhfabrik geerbt haben? Opfer. (Wobei der Arme, sind wir mal ehrlich, eher die Arschkarte zieht.) All das wäre aber okay, du wärst okay, bis jemand daraus ein Problem macht. Aus dir etwas Schlechtes macht. Dir Schlechtes will.

Manchmal reicht die kleinste Kleinigkeit, damit es losgeht. Einfach am falschen Ort was Falsches gesagt, schon ist es aus mit schöner Schulzeit. Und dann kommen das Schlucken und das Dulden und zu Hause Heulen und vor Angst immer weniger Reden und Tun, um ja nicht noch mehr »Fehler«

zu machen, und ein Gespräch hier und ein Psychologe dort und dich irgendwie trotzdem durch den ganzen Bockmist Schlagen, um an einer anderen Schule oder in einer anderen Stadt ein neues Leben zu beginnen, ein Leben, in dem du nicht mehr *andersiger* gemacht wirst, weil du Leute um dich hast, die nicht nach Macken sortieren, richtige Freunde also, und später vielleicht eine Familie und zwei Töchter, Lisa und Lena oder irgendwas anderes mit »L« und zwei Silben, und ein Haus am Rand einer deutschen Großstadt und mit fünfundfünfzig Frührente und ab nach Spanien, Kiwis pflanzen und hundertjährig im Kreise der Liebsten Eis lutschend sterben.

Jörg hat in der Hochbett-Frage endlich entschieden und sagt, dass ich entscheiden soll, wo wer schläft. Er sagt es, nachdem er das Bett ungelogen zwei Minuten angestarrt hat, und mit einer Stimme, als verlangte man von ihm die wichtigste Entscheidung seines Lebens.

Klar kannst du so was komisch finden. Seine Zögerlichkeit unnötig und anstrengend. Ich will auch hier gar nicht so tun, als wären Jörg und ich die besten Freunde. Dafür wäre er mir einfach zu unklar. Warum guckt er gerade so, als hinge sein Leben von einem Hochbett ab? »Ich schlafe oben und unten gleich gern«, sage ich, worauf Jörg erleichtert lächelt und seinen Rucksack auf das untere Bett schmeißt.

Er packt sofort aus. Die Sachen in dem Rucksack sind eins a gefaltet, ich werde fast neidisch, wie viel Zeug er reingekriegt hat. Behutsam sortiert er alles in den Schrank, pfriemelt die T-Shirts auseinander, um sie noch ordentlicher zusammenzulegen. Superkonzentriert.

»Ich konnte vorhin gar nicht richtig erzählen, worauf ich mich freue«, sagt er mehr zu seinem Rucksack als zu mir.

Er hatte es versucht, noch als Letzter, aber Marko und seine Jungs ließen ihn nicht zu Wort kommen. »Ich muss mal aufs Klo!«, rief Marko dazwischen. »Können wir auspacken?«, kam von Dreschke 1, und »Wann gibts Abendessen?«, von Dreschke 2. Alles, damit man Jörg nicht hörte. Damit man nicht hörte, worüber er sich freute.

Immer mehr riefen was dazwischen, und wieder andere begriffen das Geschrei als Zeichen für den Aufbruch und machten sich zu den Hütten auf. Ein großes Durcheinander, in dem die Betreuer nur halbherzig um Ruhe baten, also gab es keine.

Da schlug ein »Moment jetzt aber mal!« über das alles. Es kam vom Rand der Lichtung, wo eine riesige Gestalt an einer zarten Birke lehnte. Sein Gesicht im Schatten, die Klamotten ganz schwarz, die Stimme heiser: komplett guter Auftritt.

»Ja, richtig. Alle kommen zu Wort.« Pietritsch, der verspätete Pädagoge, räusperte sich.

Mit *alle* meinte er konkret Jörg allein. Dem begegnete jetzt aber die ungeteilte ungeduldige Anstarrerei. Jede Antwort wäre falsch.

Also senkte er den Kopf und sagte: »Ach, nicht so wichtig.«

»Und? Worauf freust du dich?«, frage ich nun in unserer Hütte und greife in meinen mies gepackten Rucksack. Meine Mutter hilft mir nie, sie findet es richtig, dass ich falsch packe, das gehört für sie zum Erwachsenwerden.

»Auf so einiges, vor allem Wandern, das ist ein Riesenhobby von mir ...« Jörg verstaut seine Socken, sechs gleiche bunte Paare, dann die sechs gleichen bunten Unterhosen. Als er die Anarchie in meinem Rucksack sieht und wie ich die geknüllten Klamotten in den Schrank stopfe, grinst er.

»Darf ich?«, fragt er und will eines meiner T-Shirts zusammenlegen.

Megaseltsam, oder? Ich winke ab, als würde ich eine Fliege verscheuchen, und reiße das T-Shirt an mich. Zu heftig, tut mir auch gleich wieder leid. Aber hey, das ist doch komplett komisch, die Sachen von einem Mitschüler falten?

Jörg steckt die Hände in die Taschen, als sei ihm auf einmal kalt. »Ich sehe mich draußen ein bisschen um«, sagt er und verlässt die Hütte.

Hinter dem Fenster sehe ich ihn übers Gelände streifen. Er bewegt sich immer dorthin, wo niemand sonst ist. Erst zum Waldrand, dann zum Brunnen. Am Brunnen beugt er sich

über den Rand und ruft: »Echo!« Und sieht sich sofort um, als habe er etwas Verbotenes getan.

Jörg wirft den Eimer hinab.

Jörg kurbelt den Eimer wieder hoch. Und trinkt direkt daraus, trinkt und trinkt, mit Augen zu.

Jörg genießt.

Und als er fertig ist, blickt er wieder links, rechts. Jörg ist auf der Hut.

In der Schule ist es nicht anders: Jörg allein. Jörg konzentriert. Jörg vorsichtig. In Bewegung. Hält sich nie lange irgendwo auf, bleibt meist an den Rändern. Vielleicht verbringt er seine Zeit am liebsten mit sich selbst. Braucht vielleicht niemanden, um froh zu sein. Um das Brunnenwasser zu genießen. Vor sich selbst muss er nicht auf der Hut sein, nicht aufpassen, was er sagt oder tut.

Das ist es vielleicht, was Marko und seine Jungs triggert. Die sind selbst immer nur im Rudel anzutreffen. Dass da also einer allein sein kann und zufrieden ist – das lassen die nicht zu. Der soll allein sein, aber nicht zufrieden. Also stören sie sein Alleinsein und machen ihm die Zufriedenheit schwer, und einer der Dreschkes macht sich jetzt in Richtung des Brunnens auf.

Eine letzte Sache noch, für die kann Jörg noch am wenigsten, die ist aber superoft Anlass für Kommentare: seine Ohren. Ja, im 21. Jahrhundert kommen manche immer noch nicht damit klar, dass Körper unterschiedlich sind ... Und Jörgs Ohren sind wirklich – ein *großer* Unterschied.

Weiß gar nicht, wie ich die beschreiben soll.

Vielleicht so: Jörg hat die stolzesten Ohren des Universums.

Er hat den Dreschke bemerkt und läuft los. Will unaufgeregt wirken. Hopst ein paar Schritte von einem Bein auf das andere, wie ein fröhliches Kind. Besinnt sich aber, sieht sich wieder um und geht den Rest normal. Schnell normal.

Der Dreschke dreht ab.

Mir macht Jörg nichts aus. Jörg gibt nie an, will sich nie in Sportsachen messen, riecht nie nach Haarspray und ist nie selber assi. Bevor er in einen Apfel beißt, schaut er sich den lange an, spielt mit dem Stiel, schnuppert an der Schale, pfeift ein Liedchen, so was. Dann erst beißt er rein. Irgendwie ist das komplett super. Gesagt habe ich ihm das natürlich nicht. Auch nichts gesagt, wenn er in meiner Gegenwart gepiesackt wurde.

In der Tür ruft er: »Wir haben die schönste Hütte!« Und erklärt dann, warum. »Die Nähe zum Wald, der Blick, und wie schön die Dielen knarzen!« Er klingt enthusiastisch wie diese Maklertypen, als Mutter und ich eine neue Wohnung gesucht haben, bis Mutter sagte, sie sei alleinerziehend. Danach klangen die Typen nicht mehr enthusiastisch.

Während Jörg die Hütte lobt, starre ich auf sein linkes Ohr. Hinter Jörgs linkem Ohr ist wenig zu sehen von der Welt des Waldes, und das finde ich richtig gut.

VI
Es wird gewandert

Wandern in einer Gruppe ist die unfreiheitlichste aller Freizeitbeschäftigungen. Du darfst dir weder Ziel noch Route selbst aussuchen. Du darfst von den Wegen nicht abweichen. Du darfst nicht schneller und auch nicht langsamer sein als die Gruppe. Du musst über Pilze lernen, dabei willst du niemanden vergiften! Alle Rücken verschwitzt, und es gibt doch keinen schlimmeren Schweiß als den Rückenschweiß!

Unser Ziel ist der Wald, unsere Route ist der Wald, alle Wege sind Waldwege. Das Dickicht greift nach mir, Äste schlagen mir ins Gesicht, Wurzeln stolpern mich. Bella läuft am Ende unserer Kolonne und summt ununterbrochen. Sie summt lauter als der gesamte Insektenbestand Nordeuropas. Es ist schwer, sich auf etwas anderes zu konzentrieren.

Pietritsch läuft am Kopf der Kolonne und scannt. Alle naselang bleibt er stehen und hält die Kamera seiner Pflanzen-App einer Pflanze ins Gesicht. Erkennt die App was, liest er uns die Info vor.

Die Pflanzen-App erkennt nur Farne.

Einmal erkennt sie Bärlauch. (Es riecht sowieso alles

danach.) Pietritsch ruft die Info über unsere Köpfe nach hinten zu Bella: »Bärlauch!«

Bella hört auf zu summen und ruft »Bärlauch!« zurück. Beide lachen und Pietritsch scannt weiter und Bella summt weiter.

Vor mir wandert Benisha. (Falls sie stolpern sollte, bin ich bereit, sie aufzufangen.)

An meiner Seite, mit gut geschnürten Wanderschuhen und gut gelaunten Ratschlägen: Jörg. Ich soll den Brustgurt schließen, soll mehr trinken, soll die Mütze aufsetzen.

Als ich mich über mein Schuhwerk beschwere, zaubert er zwei Stöcke hervor. »Damit geht es sich flotter«, sagt er. Und: »Deine Schuhe, die sind eher gegen als für das Wandern gemacht.« (Benisha lacht.)

Die Blase an meiner Ferse gibt ihm recht – Jörg gibt mir ein Blasenpflaster. Jörg besitzt einen Kompass. Jörg weiß, dass wir nach Norden laufen. Jörg erkennt mehr Pflanzen als Pietritschs App. Die Namen sagt er nur zu Benisha und zu mir, und das recht leise. Auch noch als Klugscheißer abgestempelt zu werden, kann er wirklich nicht gebrauchen.

Klar ist: Jörg kennt sich aus, und sich auskennen, das macht normalerweise froh. Jörg macht es aber auch vorsichtig. Am Morgen hat er seinen Rucksack mit Elan gepackt, inklusive Stirnlampe und Regenponcho, was mir für eine geführte

Wanderung am helllichten, wolkenlosen Tag etwas *over the top* vorkam. Dabei hat er aufgedreht vor sich hin gequasselt. Dass ihm den Rucksack, »dieses olle Ding«, sein Vater geschenkt habe. Und der hatte ihn von seinem Vater. Und dass die drei, also Vater und Vaters Vater und der Rucksack Europa durchwandert haben und Gipfel bestiegen.

Und jetzt also gehörte der Rucksack ihm, Jörg, und Vater und er und der Rucksack haben ebenfalls schon lange Wanderwege hinter sich und auch ein paar Gipfel in den Stiefeln.

»Und die Pins«, sagte Jörg, »jeder ist eine Erinnerung. An das Ende einer Wanderung, an ein Ankommen auf dem Gipfel.« Beim Frühstück hat er die Wanderwege und die Berggipfel aufgezählt und ich habe sie alle sofort wieder vergessen.

Beim Frühstück hatte Jörg auch seine Trinkflasche gefüllt und sich Brote geschmiert. Ob er für mich auch »Proviant« mitnehmen solle?

Mein »Nein« von heute Morgen bereue ich jetzt. Ich hatte angenommen, wir würden zwischendurch an einem Kiosk oder so halten, aber dieser verdammte Wald besitzt nicht mal Kioske.

Jörg muss meinen hungrigen Magen durch mein T-Shirt erkannt haben und teilt mit mir seinen Apfel.

Ich darf auch sein Mückenspray benutzen (wie konnte ich das vergessen?) und tue so, als würde ich es auf den Apfel sprühen. Ich will Jörg (und Benisha) zum Lachen bringen, dann spritzt aber wirklich was drauf.

Jetzt tue ich, als wäre es Absicht gewesen, und esse den bitteren Apfel. Jörg schnitzt neben mir kopfschüttelnd einen attraktiven Wanderstock.

Und da siehst du es mal: Ich hätte gewettet, Jörg würde mit seinem komischen Rucksack ungelenk und lustlos durch den Wald stolpern oder schnell schlappmachen. In Wirklichkeit wandert er wie so ein Jürgen aus dem Schwarzwald alles in Grund und Boden, trittsicher und talentiert.

So ist das wohl, wenn man sich daran gewöhnt hat, jemanden zu unterschätzen. Ihn nie ernst nimmt, weil man sich nicht die Mühe macht, ihn kennenzulernen. Am Ende hat der dann auch noch ein Extrabrot für dich, und man selbst, also ich, die Blase und kann nach der Pause kaum Schritt halten mit der blöden Kolonne.

Wir sind also wieder unterwegs und nach ein paar Metern

schiebt Marko sich zwischen Jörg und mich. Sofort ist Alarm. Er tippt Jörg an der Schulter, damit der ja mitbekommt, wer nun hinter ihm ist. Dann sagt er etwas zu Jörg, sagt es leise.

Jörg zieht die Schultern hoch oder den Kopf ein, als rechne er mit einem Schlag.

Sich wieder zwischen Marko und Jörg zu bringen, wäre das Richtige. Oder Marko irgendwie abzulenken. Die Blase an meiner Ferse drückt, das Pflaster hält den Schmerz kaum ab.

Ich überhole Marko nicht, ich lenke ihn nicht ab.

Der beugt sich wieder zu Jörg, redet in seinen Nacken. Was er zu sagen hat, geht im Waldgeraschel unter. Jörg starrt geradeaus, setzt einen Fuß vor den anderen.

Die Kolonne bleibt stehen. Pietritsch hat wohl wieder eine Pflanze entdeckt. Marko läuft weiter und schiebt Jörg im Vorbeigehen beiläufig den Rucksackriemen von der Schulter. Dazu lacht er sein Marko-Lachen zwischen Farn und Bärlauch.

Jörgs gerötete Wangen.

Jörgs schweißnasser Nacken.

Ich schließe zu ihm auf. »Hey«, sage ich.

»Lass«, sagt Jörg.

»Was ist los?« Benisha hat sich umgedreht und sieht uns an.

»Nichts«, sagt Jörg.

Nichts sage ich.

Ich halte das alles schlecht aus, die schwüle Luft, das sinnlose Gehen, die Blase, Jörgs verlorenen Frohsinn, das apokalyptische Summen von Patrizia Bellmann und den Mücken. Ich halte es schlecht aus, dass unser Ziel kein Ziel ist, sondern Der-Weg-ist-das-Ziel.

Ich beschließe, umzukehren. Ich will zurück, ich will in der Hütte liegen, will chillen und lesen. Wenn später jemand fragt, will ich so tun, als hätte ich den Anschluss verloren und mich verlaufen und dann irgendwie den Weg zurückgefunden.

Ich lese lieber über Abenteuer, als selbst welche zu haben. Bücher-Blasen tun nicht weh. Abenteuer haben nur Leute, die anderen Leuten, die keine Abenteuer haben, zeigen wollen, dass sie mutig sind und stark. Dafür machen sie ein Foto von sich neben einer Ziege im Hochgebirge. Angeber. Früher wurde immerhin gewettet, wer auf einer Schildkröte reitend als Erster die Welt umrundet oder so was. Heute treten sie in Sendungen auf, wo sie dafür bezahlt werden, im Dschungel Würmer zu essen und aufeinander zu reiten.

Ich gehe in die Hocke und nestle an meinem Schnürsenkel. Nach und nach überholen mich alle, Bella als Letzte. Als ich ihr Gesumme nicht mehr hören kann, kehre ich um.

Nur: Umkehren ist gar nicht so einfach, wie es klingt. Der Wald denkt sich nämlich: »Soso, sieh mal einer an ... Bist du nicht der, der sich über meine Bäume und meine Mücken beschwert hat?«

Wälder sind anscheinend auch noch nachtragend. Und ich muss auch gar nicht so tun, als hätte ich mich verlaufen – ich habe mich wirklich verlaufen. Das ist erst beängstigend, weil es bedeutet, dass ich mein restliches Leben im Wald verbringen und mich von Wurzeln und Moos ernähren muss, was wahrscheinlich noch fieser schmeckt als die Gemüselasagne in der Schulkantine.

Ich laufe aber weiter, und auf einmal finde ich es komplett gut: Die Bäume machen ihre Baumgeräusche, ein Bächlein plätschert heiter herum, und ich freunde mich mit einigen Hirschen an. Wir spielen eine Runde *Fifa* auf der Xbox, und alle Hirsche wollen als FC Bayern spielen, und ich denke mir: Ja klar, und lasse Dietmar, den Oberhirsch, gewinnen. Sicher ist sicher, man will nicht mit unwirschen Hirschen zu tun haben. Die Hirsche führen mich zu einer Wiese voller Walderdbeeren mit Sahne, und nachdem wir uns satt gegessen haben, begleiten sie mich zur Lichtung. Zum Abschied geben Dietmar und ich uns Küsschen auf die Wangen und versprechen, im Kontakt zu bleiben.

Am Feuerplatz, mitten auf der Lichtung, rührt der riesige Mann von gestern mit einem riesigen Kochlöffel in einem dampfenden Riesenkessel. Auf seinem T-Shirt grinst ein

Totenkopf, auf den Shorts zeigt eine knochige Hand aus Mehl – auf mich?

Da der Mann eine Kochmütze trägt, entscheide ich: Das ist der Koch.

»Was machst du hier?«, fragt der Koch nicht. Er nickt mir bloß zu, als sei er mit etwas einverstanden.

Auch ich nicke, weil ich mit seinem Nicken einverstanden bin. Die Lichtung riecht nach Hühnersuppe.

Der Koch ist zirka drei Meter breit und drei Meter groß. Als ich an ihm vorbeigehe, tunkt er den Daumen in die Suppe, dann den Daumen in den Mund, dann verzieht er den Mund und wirft eine riesige Handvoll Pfeffer oder Erde in den Kessel.

Seine Schläfen sind tätowiert. Auf jeder Schläfe steht: *Schläfe*.

Ich hole mein Buch aus der Hütte und setze mich damit auf den Brunnen.

Der Koch ruft: »Worum geht es in dem Buch?«

Ich rufe: »Um zwei so Jungs.«

Der Koch ruft: »Was wollen die?«

Ich rufe: »Woher weißt du, dass sie was wollen?«

Der Koch ruft: »In Büchern wollen die Leute immer was.«

Ich rufe: »Die wollen abhauen.«

Der Koch ruft: »Und was wollen sie eigentlich?«

Ich rufe: »Woher weißt du, dass sie was anderes wollen?«

Der Koch ruft: »In Büchern wollen die Leute immer was, aber eigentlich wollen sie was anderes.«

Ich denke nach.

Ich rufe: »Die wollen nicht dort sein, wo alles blöd ist für sie. Glaube ich. Blöde Eltern, blöde Schule, blödes Zuhause. Die sind nämlich beide *Außenseiter.*« Ich betone das Wort und komme mir gleich komplett doof vor.

»Liest du es für den Unterricht?«, ruft der Koch.

Ich rufe: »Ich lese es für mich.«

Der Koch ruft: »Komm doch her, dann müssen wir nicht rufen.« Ich rufe: »Okay.«

Der Koch sagt: »Liest du mir vor?«

Ich lese dem Koch vor. Der Koch nickt immer wieder, der Koch schürzt die Lippen, wenn Gefahr droht, ein aufmerksamer Koch. Ab und an landet ein Rabe mit Augenklappe auf seiner Schulter, und der Koch füttert ihn zärtlich. So ohne die anderen und nur mit Koch und Buch und Rabe wäre das Ferienlager komplett okay.

Der Genuss ist vorbei mit einem Schrei: »Was machst du hier?! Wo warst du?! Was soll das?!« Pietritsch stürmt aus dem Wald auf mich zu, die Wandertruppe ist wieder da.

Wenn einer so wütend ist, musst du einfach ehrlich sein: »Ich wollte zurück, hab mich aber verlaufen und –«

»Zurück?! Du wolltest zurück?! Was denkst du denn, wo

du bist? Kannst doch nicht einfach abhauen, ohne Bescheid zu sagen!«

»Hättet ihr mir erlaubt, zurückzugehen?«

»Nein! Darum gehts aber auch nicht. Weißt du, was die mit mir gemacht hätten, wenn du verloren gegangen wärst?« Sein Ziegenbärtchen zuckt, als hätte er echt Angst gehabt. Also, Angst um sich.

Da legt Bella ihm die Hand auf die Schulter. »Jetzt beruhigen wir uns erst mal alle«, sagt sie, aber was dann kommt, klingt schlimmer als Pietritschs Wut: »Du weißt schon, dass wir wegen dir die Wanderung abbrechen mussten?«

Hab ich euch doch einen Gefallen getan, denke ich, vermutlich stimmt es aber gar nicht. Jörg hatte sich ja sehr gefreut. Und wenn ich die vorwurfsvollen Blicke der Cargohosen richtig lese, war er nicht der Einzige. Ich weiß, ich bin schwierig, aber ein Spielverderber will ich nicht sein.

»Wir werden deine Eltern informieren.« Pietritsch droht nicht, er stellt das jetzt einfach fest.

Bei »Eltern« sticht es kurz hinter meinen Rippen.

Wie würde Mutter reagieren? Vermutlich nicht überrascht. Vermutlich enttäuscht. Ich weiß es nicht genau, merke allerdings: Am liebsten will ich es gar nicht wissen.

»Eltern? Muss doch nicht sein.« Das ist der Koch. Er hat

seine große Hand auf meinen Kopf gelegt. Sie wiegt so angenehm schwer. »Er ist ja hier, nichts ist passiert«, sagt der Koch. »Er sieht seinen Fehler bestimmt ein. Siehst du den Fehler ein?«

»Ja«, sage ich ernst. (Und dankbar.)

»Und ihr könnt ja noch mal los«, schlägt der Koch vor. »Von mir aus jetzt gleich, das Essen dauert noch. Oder die Tage wieder. Der Wald läuft euch nicht weg. Und nehmt doch das nächste Mal nur die mit, die wandern wollen.«

Ich atme den Koch ein. Der Koch riecht nach Huhn. Seine Hand auf meinem Kopf wiegt mehrere Hundert Kilo.

Pietritsch antwortet. Irgendwas mit Vereinbarung und Verantwortung. Sehr viele Wörter mit »Ver-«, die Sache scheint erledigt. Genau höre ich nicht mehr zu, und ich glaube, der Koch auch nicht.

Nachdem sich die Gemüter beruhigt haben, suche ich Jörg. Er zieht am Waldrand einen Stock durch den Staub, wieder komplett konzentriert. Ich entscheide, ihn nicht zu stören und abzuwarten: Ich bin neugierig, was er da macht.

Meine Vermutung: Jörg zeichnet. Jörg zeichnet nämlich richtig gut. Also, komplett richtig gut. Die meisten von uns sind noch so: »Mama, malst du das bitte für mich fertig?« Und das wird trotzdem nicht halb so gut wie bei ihm. Er hat so was wie Schatten und Perspektive drauf, kann Farben voll gut mischen, und die Gesichter sehen wie Gesichter

aus und nicht wie Kekse. Ich wette, er würde sogar für seine Kartoffeldrucke gutes Geld auf eBay kriegen.

Und er macht jedes Bild fertig. Jörg zieht Kunst durch. Dabei sind wir in einem Alter, wo wir bei keiner Sache länger als eine Viertelstunde dranbleiben, ohne zu motzen oder uns ablenken zu lassen. Es sei denn, die Sache ist Zocken, das geht.

Jörg ist fertig. Er schleudert den Stock in den Wald und schlurft in die Hütte zurück. Ich warte kurz, gehe dann rüber. Er hat tatsächlich gezeichnet. Ich erkenne Bäume, einen Pfad und ich erkenne uns in der Kolonne. Jörg hat unsere Wanderung gezeichnet! Mit wenigen Strichen, aber alles ist da. Das hier, mit dem genervt wippenden Zopf, das bin ich. Hier Pietritsch mit Smartphone, umzingelt vom Bärlauch.

Sich selbst hat Jörg mit Kompass und Hut mit breiter Krempe gezeichnet. So sahen Entdecker aus in alten Zeiten,

stelle ich mir vor. Auf dem Ast über ihm putzt sich ein Vogel das Gefieder.

Ich gucke komplett gebannt auf das Bild und bemerke ihn zu spät: Marko steht neben mir, spuckt seitlich aus.

»Danke, dass du uns heute gerettet hast«, sagt er und starrt an mir vorbei, den Kopf geneigt, auf Jörgs Staubgemälde. Und er nimmt Anlauf, und ich kriege nur noch ein »Hey, komm!« raus, da rutscht er schon über den Staub, über die Bäume, den Pfad, den Hut vom Entdecker-Jörg.

Ein Mal, zwei Mal, ein unnötiges drittes Mal.

Anschließend begutachtet er, was übrig ist, den Kopf wieder geneigt, so konzentriert wie vorhin Jörg beim Zeichnen.

Der Vogel hat überlebt, guckt verwirrt.

»Wolltest du was sagen?«, fragt Marko.

Der Vogel und ich antworten beide nicht.

»Gut«, sagt Marko. »Gut.«

VII
Lagerfeuer

Der Abend kommt, und jemand, der kaum Gitarre spielen und kaum singen kann, spielt Gitarre und singt. Es ist Patrizia Bellmann. Sie seufzt und jammert und summt. Nur die richtig bekannten Lieder sind erkennbar. »Marmor, Stein und Eisen«dings, so was. Vielleicht bin aber wieder nur ich es, der das nicht super findet. Pietritsch zum Beispiel schaut die Bella ganz begeistert an und singt mit oder macht nur den Mund auf und zu und tut so, als ob.

Ein Lied ist christlich, das nächste kindlich, dann kommt ein englisches, dann ein poppiges. Und das gerade ist ... indisch? Eher eine ausgedachte Sprache.

»Sinan, kennst du einen Song aus deiner Heimat?«, ruft Bella heiser und guckt Sinan an.

»Aus Pinneberg?«, fragt Sinan.

»Aus der Türkei«, sagt Bella.

»Meine Eltern sind aus Albanien«, sagt Sinan.

»So, und jetzt alle!«, ruft Bella schnell und schließt die Augen. *»When I find myself in times of trouble, Mother Mary comes to me...«*

Nachdem sie fertig ist, schnappt der Koch sich die Gitarre und heavymetalt von seiner harten Kindheit in einem DDR-Plattenbau. Alle Saiten reißen. Der Koch verschwindet im Wald, die Erde bebt, wenn er läuft.

Eine Weile schweigen alle.

Das mit den Saiten denke ich mir aus.

Damit ja nicht zu lang geschwiegen wird, schlägt Pietritsch das Braten von Folienkartoffeln vor. Er legt die Kartoffeln derart enthusiastisch in die Glut, als hätte er sein ganzes Leben auf diesen Moment gewartet, Folienkartoffeln zu machen in einem Wald in Brandenburg.

Als er dann noch »Und während wir auf die Kartoffeln warten, spielen wir was Kooperatives« in die Runde wirft, werfe ich das Handtuch und verziehe mich.

Jörg liegt schon im Bett und dreht den Zauberwürfel.

»Ich hab heute einen Hirsch gesehen im Wald«, sagt er.

Ich sage: »Den Dietmar?«

»Was?«, sagt Jörg.

Ich sage: »Hatte der Hirsch eine Nachricht für mich?«

»Du bist echt weird«, sagt Jörg. Von ihm kommend ist das ein Kompliment. Seine Finger gleiten um die Farben, der Würfel klackt in der Schwüle der schläfrigen Hütte. Ich öffne das Fenster, lasse frische Luft und das Lachen der anderen herein. Auch das Gelächter von Marko dringt zu uns.

Die Wanderung fällt mir wieder ein. Wie Marko von hinten auf Jörg eingeredet hat. Ich überlege, ob ich fragen soll, was los war, was Marko von ihm wollte. Ich überlege zu lange.

Jörg legt den Würfel weg und zieht die Decke bis unter das Kinn. »Mein Papa und ich haben über Pfingsten eine Harz-Wanderung gemacht«, sagt er und gähnt gemütlich laut.

»Wollten zum Brocken, hoch zum Gipfel. Auf halber Strecke kam das Unwetter. Wir waren vorbereitet, aber es war echt schlimm, richtig stürmisch war es. So ein dichter Regen, weißt du? Und je höher wir kamen, desto krasser wurde der Wind. Wir haben aber gesagt, nicht aufgeben ... auch als ... auch als ich kurz vor dem Gipfel ... ich bin da weggerutscht ... und mein Rucksack noch und alles ... und raus ... So ein Wind ... nicht aufgeben und ...«

Ich warte, dass Jörg den Satz repariert und beendet.

Jörg aber klettert auf einen ersten Schnarchgipfel.

Wie geht die Geschichte wohl aus? Sie geben nicht auf, Jörg und sein Vater, und am Gipfel finden sie Schutz, sind durchnässt, aber froh, und da kriegt Jörg einen weiteren geilen Pin für den ollen Rucksack, mit dem schon sein Vater und Großvater auf Gipfel gehüpft sind.

Geschichten, die ich mir vorstelle und ausdenke, gehen immer besser aus als die echten Geschichten im blöden Alltag oder in der Schule. Das Leben, das ich mir in Geschichten vorstelle, ist das bessere Leben. In dieser Geschichte hier bin ich der Miesepeter, aber ein bisschen sympathisch, und Jörg ist das Opfer. Das Ende habe ich mir noch nicht überlegt.

Manche Geschichten kann ich mir gar nicht besser als das Leben vorstellen. Die Geschichte meiner Eltern geht nie gut aus. Wobei, die Trennung war ja das Gute.

Vor dem Fenster hängt schlaff ein antikes, gerissenes Mückennetz. Durch die Löcher würde es auch ein kleines Pferd schaffen. Ich lasse das Fenster dennoch offen, es ist viel zu schwül hier drin. Dafür sprühe ich alles mit Mückenspray ein: mich, die Bettdecke, Jörgs Schnarchen.

Die Nacht knirscht und knistert. Die Stimmen am Lagerfeuer wie Hall aus großer Ferne. Unter mir schmatzt Jörg. Würde ich mir eine gute Geschichte für ihn ausdenken, müsste ich so einiges an der Wirklichkeit ändern. Sein anscheinend lieber Vater bliebe. Jörg würde mehr reden, wäre mutiger. Er würde sich Verbündete organisieren. Gemeinsam ist man stärker, oder? Ich wäre ein Verbündeter (und mutiger und würde weniger reden). Wir würden Außenseiterfreunde sein und nicht nur zufällig Hüttenmitbewohner.

Je mehr solcher Details ich mir vorstelle, desto unwahrscheinlicher wird ein solcher Jörg, wird sein Happy End.

Konzentriere dich!, denke ich mit der Stimme meiner Mutter. Auf das hier, auf diese Geschichte, in der Jörg und ich keine Freunde sind und in der die Betreuer die Folienkartoffeln abgezählt haben und zwei nicht gegessen wurden. Oder vielleicht doch, aber nicht von Jörg und mir.

Ich liege im Dunkeln und bin irgendwie traurig. So ein bisschen mit Kloß im Hals sogar. Nicht wegen Jörg. Nicht wegen Wandern. Nicht wegen dummer Natur. Sicher nicht wegen der Kartoffeln. Ich weiß nicht, weswegen.

Ich höre jedes Geräusch, das die Natur so produzieren kann in einer lauen Nacht im Wald, und das ist eine Menge Geräusch. Etwas Mondlicht fällt durch das Fenster, und unter dem Fenster sitzt ein Wolf.

Also, es ist so: Das mit den Hirschen, das habe ich mir ausgedacht. Der Wolf jetzt, der sieht verdammt echt aus. Der Wolf ist groß, der Wolf ist schlank, der Wolf ist grau. Der Wolf leckt sich über die Schnauze. Guckt aus gelben Augen.

Der Wolf atmet über eine Atemraspel.

Ich will aufstehen, will weg, ich habe aber eine solche Angst, dass ich mich keinen Millimeter bewegen kann. Und das ist vielleicht auch gut so, weil: Wenn ein Bär angreift, stell dich tot. Ich schließe die Augen und stelle mich tot.

Als ich sie wieder öffne, singen die Vögel, schnarcht der Jörg. Vorsichtig stehe ich auf und wage mich aus dem Bett.

Vom Wolf keine Spur.

VIII
Das Gelb

Gefrühstückt wird an den langen Tischen draußen, die Wespen sind also ebenfalls eingeladen. In die Tischplatten haben die vergangenen Ferienlager ihre Namen geritzt. Aus einem kleinen Radio scheppern »Hits« aus tausend Jahren vor unserer Geburt. Auf der A2 ist Stau.

Der Koch hat etwas Gelbes zum Frühstück gepuddingt. Ich bilde mir ein, der Einzige zu sein, den er grüßt.

Mir gegenüber sitzt Jörg. Er isst so selbstversunken, Stirn ganz knapp über der Schüssel, wie ein Erfinder, der kurz vor Vollendung einer Erfindung die letzten kleinen Handgriffe tut. Nur ein Mal sieht er auf und mich an. Als wollte er mir etwas sagen. Seine Augen sind müde, er sagt nichts.

Ich überlege, ihm vom Wolf zu erzählen. Ich will aber nicht, dass es die anderen hören, und verschiebe es auf später.

Mein Gelb schmeckt süß, was interessant ist, weil Benisha neben mir behauptet, ihr Gelb sei salzig, ob ich mal probieren wolle.

Ich würde supergerne probieren und sage: »Nein danke.«

Benisha sagt: »Okay.«

Die Dreschke-Zwillinge setzen sich links und rechts neben Jörg. Sie grüßen übertrieben höflich und fragen, nachdem sie schon sitzen, ob da noch frei sei. Und ob Jörg das aufessen will. Mit »das« ist Jörgs Gelb gemeint.

Jörg räuspert sich.

Dreschke 1 nimmt Jörg das Gelb weg.

Dreschke 1 isst jetzt Jörgs Gelb. Es wirkt nicht unbedingt, als würde das Essen ihm schmecken oder Spaß bereiten. Er tut es halt, der Plan wollte das so. Dreschke 2 sitzt daneben und guckt mal nach links, mal nach rechts.

Von denen, die das alles mitkriegen, sagt niemand was. Auch ich schweige. Ich schweige wütend, aber das hat noch nie geholfen. Benisha steht auf und geht zum Betreuertisch.

Die Dreschkes verzupfen sich.

Benisha kommt zurück.

Ich frage, was die Betreuer gesagt haben.

»Dass wir unsere Konflikte erst selbst zu lösen versuchen sollen«, sagt sie, »bevor wir zu ihnen kommen.«

Jörg sagt: »Ist doch komisch, oder? Dass die das machen, mit dem Essen. Wegen Viren und Bakterien und so was. Irgendwie eklig.«

Hinten klatschen die Zwillinge mit Marko ab.

Ich sitze auf dem Platz, auf dem 1999 ein »Thomas« saß.

Neben Jörg hat »Simon« seine Spur ins Holz geritzt.
Hätten Thomas oder Simon zu den Dreschkes was gesagt?
Was für eine nutzlose Frage.

IX
Dickkopf

Heute sollen wir Schmetterlinge jagen. Im Plan steht natürlich nicht »jagen«, sondern irgendein Bla mit »Natur und Forschen«.

Ich frage Pietritsch, was das soll.

Was was soll, fragt Pietritsch.

»Das mit den Schmetterlingen«, sage ich.

»Wer die meisten fängt, kriegt einen Preis«, sagt Pietritsch.

»Immer wenn ihr uns besticht«, sage ich, »müssen wir etwas Dummes machen.«

»Der Preis ist ein Puddingpokal«, sagt Pietritsch.

»Ist das ein Pokal aus Pudding oder ein Pokal gefüllt mit Pudding?«, frage ich.

»Ein Pokal gefüllt mit Pudding«, sagt Pietritsch und

seine Augen glänzen vor Vorfreude. Vermutlich kriegen die Betreuer den Pudding sowieso.

»Und die Schmetterlinge, was kriegen die?«, frage ich.

»Ich verstehe die Frage nicht«, sagt Pietritsch.

»Nadeln«, sage ich. »Die Schmetterlinge kriegen Nadeln.«

»Die Schmetterlinge«, sagt Pietritsch, »gucken wir uns an und lassen sie wieder frei.«

»Wie finden die Schmetterlinge das?«

»Ach, komm jetzt. Wir wollen euch doch einfach auf spielerische Art Wissen über die Welt von Schmetterlingen vermitteln«, sagt Pietritsch so einen auswendig gelernten Satz und klingt dabei auch wie eine Info-Tafel mit Ziegenbärtchen.

»Gehört dazu auch das Wissen, dass die Schmetterlinge dabei

verletzt werden könnten?«, frage ich.

»Was kümmern dich die Schmetterlinge überhaupt? Ich dachte, du lehnst die Natur ab?«, sagt Pietritsch und grinst, so von wegen *Jetzt hab ich dich.*

»Etwas abzulehnen, heißt doch nicht, dass man dem wehtun will«, sage ich.

Und das ist eine gute Antwort, weil Pietritsch jetzt zu Recht so ein bisschen die Geduld mit mir verliert: »Weißt du, was?«, sagt er. »Du musst nicht mitmachen, okay?«

Und das ist auch alles, was ich hören wollte.

Auf einer Wiese mit komplett vielen Blumen eröffnet Pietritsch die Jagd mit einem Jagdhorn-Ton auf seinem Handy. Alle rennen herum und zertrampeln die Blumen. Die Kescher wie Segel über den Köpfen. Ich sitze im Schatten einer Buche und schaue mir das unwürdige Spektakel an. Pietritsch oder Bella kommen gelegentlich vorbei, wohl um sicherzugehen, dass ich nicht wieder abhaue.

Die meisten sind echt vorsichtig mit den Keschern. Marko ist nicht wie die meisten. Er fängt einen Zitronenfalter, indem er mit dem Kescher richtig ausholt – wie zu einem Schlag.

Als Nächstes steckt er den Falter in so ein Glas mit Lupe als Deckel und geht rüber zu Jörg. Ich stehe auf. Alle sind beschäftigt, niemand scheint die beiden zu beachten. Es sieht aus, als würde Marko Jörg den Zitronenfalter zeigen, ich kann es nicht genau erkennen, die beiden stehen mit dem Rücken zu mir. Marko gibt Jörg das Glas mit dem Schmetterling und Jörg gibt Marko automatisch sein eigenes, leeres Glas. Marko zieht weiter, Jörg geht in die Hocke.

Ich stelle mich zu ihm. Jörg hockt vor dem Glas und klopft mit dem Finger dagegen. Der Schmetterling darin: regungslos. Jörg setzt sich ins Gras, Jörg wartet vor dem leblosen Tierchen.

Ich wende mich ab. Und wieder der Kloß im Hals. Ich

versuche (vergeblich) zu lesen. Jörg gräbt. Ein kleines Grab für den Zitronenfalter. Dann steht er auf und setzt seine Forschung in der Natur weiter fort.

Obwohl ich gar nicht mitmache, habe ich am Ende einen Minuspunkt. Pietritsch verkündet es vor der versammelten Truppe und sieht mich mit großen Augen an, als müsste ich enttäuscht sein. Den Punktabzug gabs, weil ich Sinan den Kescher aus der Hand geschlagen habe. Er sollte den Gelbwürfeligen Dickkopffalter nicht fangen.

Sinan war sauer, der Falter froh, also gleicht sich das aus.

Und falls du jetzt glaubst, dass ich hier komplett der Schmetterlingsprofi bin: Den Dickkopffalter kenne ich, weil so einen Namen vergisst du nicht, nachdem du ihn mal gehört hast.

Außerdem sieht er komplett gut aus. (Man wird doch einen Schmetterling mögen dürfen!)

Den Puddingpokal hat Marko gekriegt. Der Trick war einfach und gut: Er fing ein paar eigene, ließ sich aber auch die Schmetterlinge von den Dreschkes geben. Und dann haben die drei sich den Puddingpokal geteilt.

Der Abend kommt langsam wie ein Bus, und Herr

Koriander liest eine Geschichte vor. Er schafft es gerade so bis zum Schluss, ohne einzuschlafen.

Die Geschichte hat eine Moral: »Wenn du freundlich durch die Welt gehst, geht die Welt freundlich mit dir um.«

Was für ein Blödsinn. Wer auf so was kommt, hatte noch nie echte Probleme. Der war noch nie auf sich allein gestellt oder schwach oder arm oder wurde *andersig* gemacht.

Nach der Geschichte stehe ich polternd und kopfschüttelnd auf und verlasse das Lagerfeuer. Ich hoffe, dass es jemand bemerkt. (Zum Beispiel Benisha drüben, rittlings auf dem Baumstamm.)

Nichts.

Na ja.

Jörg ist schon in der Hütte und zeichnet etwas in einen kleinen Block. Ich will sagen, dass mir das mit den Dreschkes beim Frühstück leidtut. Und mit Marko beim Wandern und mit dem Zitronenfalter. Aber ich lasse es. Weil jetzt zählt es nicht mehr. Jetzt ist es zu spät.

»Hast du ein paar gefangen?«, frage ich stattdessen.

»Nein«, sagt Jörg.

»Okay«, sage ich.

»Ich könnte es aber. Welche fangen«, sagt Jörg. »Mir war bloß nicht danach.«

»Okay«, sage ich.

»Mein Papa hat mich mal in ein Schmetterlingshaus mitgenommen, und auf einmal sind ganz viele Schmetterlinge auf meinem Kopf gelandet!«

Ich warte, dass die Geschichte weitergeht, aber die

Geschichte geht nicht weiter. Jörg sitzt über seiner Zeichnung und über seiner Erinnerung und lächelt.

»Mein Lieblingsschmetterling ist der Gelbwürfelige Dickkopffalter«, sage ich.

»Dickkopf?« Jörg lacht auf. »Das passt.«

Unsere Hütte riecht nach alter Socke, süß. Auf dem Nachtkästchen dunkelt ein angebissener Apfel vor sich hin. Wenn wir sprechen, flackert die Glühbirne, als höre sie zu.

»Pustekuchen«, sagt Jörg, zerknüllt die Zeichnung und fängt noch mal an.

Ich denke: Sag doch nicht »Pustekuchen«!

Nachdem sich Jörg hingelegt hat, mache ich das Fenster zu, sicher ist sicher. Sobald ich auch die Augen zugemacht habe, höre ich Krallen über die Dielen schaben, höre ein dunkles Knurren – der Wolf ist wieder da.

Fenster zu, Wolf drinnen.

Diesmal kommt er ans Bett, kommt so nah, ich kann seinen Atem riechen, warm wie Blut. Würde Jörg den Arm ausstrecken, könnte er ihn berühren. Das Fell wäre fest.

Wahrscheinlich sollte jetzt geschrien werden. Ich bin aber ein Stein in einem bunten Schlaf-T-Shirt. Der Wolf wird erst Jörg in die Kehle beißen und dann mich und mein T-Shirt auffressen, und ich werde als Knochen aufwachen.

Werde ich meine Wirbelsäule in seinem Maul knacken hören?

Im Traum schlafe ich ein. Im Traum des Traums träume ich vom Fallen. Nicht wirklich. Ich sage das nur, weil ich das träumen sollte. Ist typisch für mein Alter.

X
Die Zeichenstunde

In der Nacht hat es geregnet. In die feuchte Erde vor der Hütte hat jemand ein riesiges Strichmännchen mit noch riesigeren Ohren gekratzt. Zwei Jungs aus der Parallelklasse beglotzen das Männchen. In der Ferne macht ein Hahn sich wichtig.

Es wäre gut, das Strichmännchen wegzumachen, damit Jörg es nicht sehen muss. Marko und die Dreschkes hocken aber gleich drüben auf einem Baumstamm und gucken rüber, und ich mache das Männchen nicht weg.

Aus dem Wald hinter der Hütte tritt der Koch auf die Lichtung. Er umarmt einen kolossalen Kochtopf, schleppt den so. Vor der Zeichnung bleibt er stehen. Fragt nicht, was los sei, weil: Er kann eins und eins zusammenzählen.

Er winkt Marko und Dreschkes zu, die sollen herkommen.

Sie bleiben sitzen.

»Okay«, sagt der Koch und stellt den Kochtopf ab. Er deutet auf die Zeichnung und ruft: »Wart ihr das?«

»Waren was?«, gibt Marko zurück. Sein Lachen zeigt Zähne.

»Doofsein ist erlaubt«, sagt der Koch. »Sich-doof-Stellen nicht.«

»Koch *und* Philosoph. Geil!«, sagt Marko. »Bezahlt wirst du aber nur fürs Kochen, oder? Apropos: Musst du uns nicht schon Frühstück machen?«

Ja, jetzt räuspert sich hinter uns jemand. Es ist natürlich Jörg. Er steht in der Tür und kratzt sich am schläfrigen Bauch. Eine Haarsträhne zeigt traumwild von seinem Kopf in den Himmel. Er hat das Strichmännchen entdeckt, guckt es sich an. Das Strichmännchen guckt nicht zurück, es hat nämlich keine Augen.

Die Geschichte könnte jetzt auf viele Weisen weitergehen, und schon geht es mit der Vorstellerei los:

Es könnte weitergehen, dass Jörg sich, traurig und beschämt, in die Hütte zurückzieht. Und in der Geschichte reicht es mir. Ich spreche andere auf Marko an, weil man das so machen soll, laut Ratgebern, sich Support holen. Gemeinsam stellen wir Marko zur Rede. Er soll sich erklären und bei Jörg entschuldigen.

»Ist doch bloß ein Spaß«, sagt er und entschuldigt sich nicht.

»Spaß ist kein Spaß, wenn einer niemals lacht«, sage ich den Satz, den ich genau für diesen Fall lange schon vorbereitet habe.

Für den Rest des Ferienlagers will mit Marko und seinen Jungs niemand mehr etwas zu tun haben.

Wir kümmern uns um Jörg. Der Koch tröstet ihn, die anderen sprechen mit ihm, stellen ihm Fragen, lernen ihn kennen. Am Abend überrascht Jörg alle mit komplett gutem Gitarrenspiel. (Benisha und ich tanzen.)

In einer anderen Geschichte verwischt Jörg die Zeichnung mit den Füßen wie Marko tags zuvor, nur nicht aus Lust, sondern aus Wut. Aus Wut wirft er auch seinen Zauberwürfel Marko an den Kopf. Marko muss ins Krankenhaus und die Geschichte endet damit, dass Jörg zugeben muss, Gewalt ist keine Lösung?

Hm.

Genauso unwahrscheinlich ist die Geschichte, in der Jörg selbst Marko und die Dreschkes anspricht, die sofort alles einsehen: die eigene Schuld und das Leid, das sie Jörg zugefügt haben. Auch andere, die Jörg ebenfalls mal *andersig* gemacht haben, melden sich. Und zum Schluss auch die (ich), die immer alles mitangesehen haben, ohne je was zu unternehmen. Alle entschuldigen sich bei Jörg. Marko und er werden Freunde und wandern gemeinsam mit ihren Vätern durch das Rheinland.

In Wirklichkeit steht Jörg erst mal einfach nur da.

Bitte, nicht weinen.

Marko und die Dreschkes stolzieren davon, ihre Aufgabe ist erledigt: Jörg hat gesehen, was er sehen sollte.

Einer der beiden Jungs aus der Parallelklasse sagt: »Das bist du.«

Jörg antwortet: »Na ja.«

Die beiden gucken sich an, von wegen, der rafft ja gar nix, und entfernen sich lachend.

Es bleiben: der Morgen nach dem Regen (klar), die Vögel (ausgeschlafen), der Wald (nicht hilfreich), ich (ratlos).

Und der Koch. Sein Atem: schwer. Mit der sanften Stimme eines Riesen sagt der Koch: »Alles klar?«

»Na ja«, sagt Jörg.

Und dann geschieht dieses Und-dann: Jörg kratzt mit dem Fingernagel einen Strich zum Strichmännchen hinzu. Dann noch einen und noch einen. Ist recht mühsam, der Koch denkt allerdings mit und reicht Jörg Messer und Gabel.

Damit geht es leichter und genauer: Jörg ergänzt Hemd und Hose, schabt und stopft und sticht den Kragen, die Taschen, die Knöpfe. Das Männchen bekommt zehn Finger und einen richtigen Hals. Mit dem Gesicht lässt er sich Zeit. Die Füße sind dran, die Turnschuhe, sogar die Schnürsenkel kriegt er geschnürt. Jörg schattiert, Jörg radiert, Jörg tut das, was Jörg irre gut kann: Jörg zeichnet. Jörg zeichnet Jörg über den Strichmännchenjörg. Er ist wieder so schön versunken in sich und die Arbeit. Jetzt ist der Kopf dran, die Augen, die Nase, der Jörgmund. Die Haare sehen bald haargenau aus wie seine eigenen. Sogar die abstehende Strähne vergisst er nicht.

Der Koch hat den Riesentopf umgedreht, sich draufgesetzt und guckt zu.

Für den Schluss hebt Jörg sich die Ohren auf. Oder auch nicht.

Jörg wischt die Gabel und das Messer an der Hose ab und gibt sie dem Koch zurück. Er korrigiert die Ohren nicht. Lässt sie riesengroß stehen, einfach und flach, unpassend zum Rest. Kindisch gegenüber dem, was Jörg gezeichnet hat.

Ernst guckt Jörg sich Jörg an.

Die Grillen legen los, als hätten sie bis eben pausiert und der Zeichenstunde zugesehen.

»Geht schon mal vor«, sagt Jörg und dreht ab in die Hütte. »Ich wasch mir nur kurz die Pfoten.«

»Sag nicht *Pfoten*!«, rufen der Koch und ich gleichzeitig.

»Pfoten«, sagt Jörg.

XI
Die Kletterwerkstatt

An meiner Schule gibt es den Zirkusunterricht. Klingt übel, ist aber okay, weil unsere Lehrerin okay ist. Kennst du, oder? Sind die Lehrer gut und haben Lust, ist auch der Unterricht gut und macht Lust. Oder geht wenigstens schnell vorbei.

Sind die Lehrer faul oder fies oder mehr mit sich beschäftigt als mit dem Fach und mit uns, dann werden wir faul, stören oder rächen uns fies und sind mehr mit uns beschäftigt als mit dem Fach. Ist ja klar.

Warum erzähle ich das? Weil heute die angedrohte Kletterwerkstatt dran ist, ich aber wegen Zirkusunterricht schon recht gut irgendwo hoch- und auch meist unverletzt wieder runterkomme.

Ja, da staunst du.

Unsere Zirkuslehrerin, Frau Tribeska, ist ehemalige Akrobatin aus so was wie Bulgarien und nicht nur eine komplett gelenkige, sondern auch komplett korrekte Lehrerin.

Der beste Freund von Frau Tribeska ist ein ebenfalls komplett korrekter Kater, dem jeder von uns einen eigenen

Namen geben durfte, weil Katzen Namen egal sind. Ich nenne ihn: »Frau Tribeskas Kater«. Frau Tribeska schmuggelt ihren Kater verbotenerweise in die Zirkusstunden, und das schweißt schön zusammen, wenn deine Lehrerin etwas Unerlaubtes tut und dich an dem Geheimnis teilhaben lässt.

Wenn Frau Tribeska mit rollendem »R« ruft: »Heute wir klettern!«, dann ist jedem klar: »Heute wir klettern!«

Der Kater klettert mit, das motiviert extra. Außer Jonglieren macht der überhaupt alles mit. Fürs Jonglieren ist er sich zu fein. Auch hasst er es, gestreichelt zu werden. Sympathisch.

Frau Tribeska interessiert sich für uns auch außerhalb von Zirkus. Was uns quält, was wir wollen – also wirklich *uns* und *wir* und nicht, was unsere Eltern quält und was die wollen. Meistens kriegt sie aber auch von selbst mit, wenn mit uns etwas los ist. Es gibt dann kein »Gesprächsangebot« oder so einen freiwilligen Quatsch, aus dem wir superleicht entkommen können, und nichts ändert sich. Sondern sie sagt direkt: »Jörg, wir reden. Komm nach Unterricht in Büro.« Das ist beschlossene Sache, da kannst du nicht *»ne«* sagen (das ist Bulgarisch für »nö«).

Ja, Jörg wieder. Mit ihm hat Frau Tribeska viel geredet. Das hatte nicht nur mit Marko zu tun, sondern vor allem damit, dass Jörg nicht so der Akrobat ist. Wobei, nein. Auch damit hat es nicht zu tun. Die wenigsten haben das drauf. Der Unterschied ist, wenn Jörg im Zirkus etwas nicht gelang, dann gab es grundsätzlich einen dummen Spruch oder sogar Jubel oder so was. Bei anderen gab es nichts. Oder: Das *war* der Unterschied. Bis Frau Tribeska geschnallt hat, was los war.

Bis sie also eines Tages befahl:
»Alle jetzt rennen und hören zu,
bis ich sage: Ende.«
»Ende« sagte sie dann am Ende der Stunde.

Bis dahin mussten wir ohne Pause im Kreis durch die Turnhalle laufen, auch Jörg, und Frau Tribeska lief mit und hielt eine Rede. Sie redete über Teamgeist und Kameradschaft und Respekt – im Sport und im Leben. Dann muss ihr aber der Stoff so ein bisschen ausgegangen sein, und die letzte Viertelstunde redete sie über einen schönen Badeurlaub, 1967 am Schwarzen Meer.

Wir waren komplett fertig. Frau Tribeska dagegen stand im Mittelkreis aufrecht und frisch da, als wäre sie gerade aus dem schönen Urlaub 1967 zurückgekehrt.

Die Aktion war pädagogisch hundertpro komplett daneben, aber Jörg wurde danach nicht mehr verspottet. Dabei hatte Frau Tribeska ihn gar nicht erwähnt. Musste sie auch nicht, jeder wusste, dass es um Jörg ging. Oder besser gesagt: um unser asoziales Verhalten ihm gegenüber. Bitter eigentlich, dass wir eine Lehrerin brauchen, um etwas, das vor unseren Augen stattfindet, wirklich zu sehen.

Einer machte weiter. Kleine, nervige Bosheiten. »Jörg« rufen, während der konzentriert an einem Gerät dran war. Und wenn Jörg reagierte: »Ach, nichts.«

Marko.

Meistens ging er heimlich und hinterrücks vor. Salzwasser in Jörgs Trinkflasche? Könnte jeder gewesen sein.

Dennoch bestellte Frau Tribeska ihn eines Tages in ihr Büro. In der Stunde war mir nichts Besonderes aufgefallen. Jörg schlich still und allein durch die Turnhalle, das war ja leider nicht wirklich neu.

Als Marko nach zehn Minuten das Büro wieder verließ, schlich auch er still und allein durch die Turnhalle und sah irgendwie zehn Jahre älter aus.

Paar Tage später stattete sein Vater der Schulleiterin einen Besuch ab. Hundertpro, um gegen Frau Tribeska zu hetzen. Geschadet hat ihr das nicht. Es ist nämlich so, die Schulleiterin raucht extrem gern mit Frau Tribeska diese ganz dünnen Kippen hinter dem Kiosk. Der Kater raucht mit, und die drei lachen sich ständig kaputt über irgendwas.

Auch Marko brachte der Besuch seines Vaters nichts. Im Gegenteil. In der folgenden Zirkusstunde musste er mit einer roten Perücke auf dem Dreirad durch die Halle zuckeln. Vielleicht nicht komplett in Ordnung von Frau Tribeska, ihn so vorzuführen, aber super war es trotzdem.

Im Zirkusunterricht guckte Marko danach Jörg nicht mal mehr schief an. Anderswo erst recht mehr. Jörg zog sich daraufhin noch stärker zurück. Am Ende war er also doch wieder der größte Verlierer.

Gelegentlich schwingt Frau Tribeska sich auf den Schwebebalken. Sechzig Jahre alt und dreht einen Salto nach dem nächsten, sehnig und irgendwie ... höflich. Ja, höflich, wie sie springt und sich verbeugt, höflich, wie sie lächelt. Und mit diesem strengen Blick, den Sportlerinnen kriegen, wenn sie voll bei der Sache sind. Uraltes Turnleibchen, das Haar hart nach hinten gekämmt. Das ist schon sehr, sehr super. Jedenfalls gibst

du nach so einer Performance auch alles, wenn sie befiehlt: »Kinder, rauf auf Balken!«

Man kann uns also (auch mich) für so einiges motivieren, wenn man sich gescheit anstellt. Frau Tribeska sogar für so etwas wie Trampolin oder Balancieren. Ich meine: Seiltanz? Hallo?

Ich klettere ungern, aber wegen Frau Tribeska: gut. Mit dem Diabolo gelingt mir auch mal ein komplizierter Trick. Wirklich! Etwas ungern machen, es aber draufhaben, das ist komplett befriedigend.

Doch als Pietritsch beim Frühstück verkündet hat »Heute

im Angebot: eine Kletterwerkstatt!«, habe ich verkündet: »Ich nehme das Angebot nicht an!« Ich klettere ungern nur bei Frau Tribeska, sonst nirgends.

So leicht ließ Pietritsch nicht locker. »Was magst du denn am Klettern nicht?«

Was ist das bitte für eine Frage?

»An Klettern«, sagte ich, »mag ich vor allem das Klettern nicht.«

»Alles klar, du kannst hierbleiben.« Sagte Pietritsch natürlich nicht. Ihm UND DEN MEISTEN ERWACHSENEN sind Gefühle und Wünsche des Einzelnen meist egal, wenn es um Gruppenkram geht. Wir sind unberechenbar. Schüchtern oder zu selbstbewusst. Wollen heute das, morgen etwas anderes. Auf jeden von uns Rücksicht zu nehmen, wäre ihnen zu viel Arbeit. Die Erwachsenen wollen einfach, dass wir das machen, was sie wollen, dass wir machen. Ohne Zwang allerdings. Weil, das ist ihnen auch nicht ganz recht: wenn wir etwas unfreiwillig tun. Oder nur ihnen zuliebe. Der Gruppe zuliebe, das wiederum geht.

Pietritsch kam mir so nah, dass ich seinen Atem riechen konnte. Und dieser Atem roch eher, als hätte Pietritsch seine Zahnpasta zu Hause vergessen, und nicht, als hätte er welche dabei. »Ist Klettern für dich irgendwie problematisch?«, fragte er leise, als wollte er, dass die anderen es nicht hörten.

Problematisch? Nur langsam dämmerte mir, was er hören wollte: dass mir das Knie wehtut oder dass ich Höhenangst hätte oder eine Allergie gegen Äste oder Ekel wegen Vogelkacke. Er wollte hören, dass ich nicht klettern *kann*. Er hätte lieber eine Lüge akzeptiert, als zu akzeptieren, dass einer nicht klettern *will*.

»Herr Pietritsch«, sagte ich.

»Sag doch Piet ...«

»Herr Pietritsch. Ich lebe in der Stadt. Die Stadt wurde als ein Ort für Autos geplant, nicht für Menschen und Bäume oder auf Bäume kletternde Menschen. In meiner Straße existieren Bäume nur als Graffiti. Was bringt mir also die Baumkletterei?«

Was laberte ich da? Auch Pietritsch schien überrascht von so viel Bla.

»Erstens, du verlässt doch hoffentlich ab und an die Stadt. Zum Beispiel jetzt gerade. Und zweitens: Muss denn alles was bringen? Manche Dinge dürfen doch einfach nur Spaß machen.«

Immer dieser Spaß. Und was andere darunter verstehen.

Pietritsch las meine Gedanken: »Aber bevor du jetzt damit anfängst, dass Klettern für dich gar kein Spaß ist, versuch das Ganze vielleicht als Herausforderung zu sehen. Etwas lernen, was du nicht kannst.«

»Dann muss ich ja wirklich nicht mit!«, triumphierte ich. »Ich kann schon klettern.« Stumm bedankte ich mich bei dem muskulös gerollten »R« von Frau Tribeska!

Pietritsch blieb freundlich (oder?): »Du kannst es dir unterwegs noch überlegen. Bedenke nur: Das ist ein *gemeinsames* Ferienlager und du bist *Teil der Gemeinschaft.* Es wäre also nicht so schön, wenn du die Gemeinschaft wieder sabotieren würdest.«

Oho! Sabotieren! Ich wollte doch nichts kaputtmachen, sondern einfach nicht mitklettern. Ich verstand ihn aber auch. Als Betreuer musste er für gute Stimmung und Erfolge sorgen und dafür, dass wir nach Hause kommen und erzählen, was für tolle neue Freunde und Erfahrungen wir gemacht haben, damit die Eltern denken, super, erziehungstechnisch alles wieder wunderbar ausgelagert. Ich sah auch, dass es anstrengend war, so jemanden wie mich zum Gruppentanz zu bringen, der am liebsten aus der Reihe tanzte.

»Ich würde mich freuen, wenn du mitmachen würdest«, wurde Pietritsch wieder so schwammig, statt mich einfach mit »Du machst gefälligst mit!« ein bisschen zu schütteln.

Tat mir fast leid, hart zu bleiben. Aber jetzt, wo inzwischen einige (auch Benisha) zuhörten, konnte ich unmöglich nachgeben. »Ich erinnere mich an keinen Vertrag dazu«, sagte ich und kam mir schrecklich vor. Aber lieber schrecklich als auf wehrlose Flora klettern, mein Motto.

Pietritsch klopfte mit den Knöcheln auf die Tischplatte. »Du bist mir echt so ein kleiner Philosoph …«, sagte er, so ähnlich wie Marko am Morgen zum Koch.

»Wo ist da der Diss?«, antwortete ich ruhig, wenn auch unehrlich: Philosophen finde ich megaanstrengend.

Pietritsch hob die Augen zum Himmel.

War das *too much*? Ich hasse ja eigentlich Streit. Wirklich!

Mir gegenüber saß Jörg und schielte die ganze Zeit schon rüber zu Marko und den Dreschkes. Die steckten am Tischende die Köpfe zusammen wie im Film, wenn klar werden soll, dass jemand etwas Fieses ausheckt.

Eine ungute Vorahnung strich mir eine Gänsehaut über den Nacken. Im Zirkusunterricht ist Jörg der langsamste und ungeschickteste Kletterer. Und wenn wir auf dem Trapez sind oder »Spinne«

spielen, gibt Frau Tribeska ihm ganz was anderes zu tun. Jörg liebt Hula-Hoop.

Und das alles weiß Marko.

Ich musste was tun. »Ach, Piet«, ich nannte ihn extra beim Spitznamen. »Wenn es dir so wichtig ist, klettere ich natürlich mit! Kann es kaum erwarten, von etwas mit Wurzeln ... zu sturzeln.« Oh Mann.

Der Kletterwald riecht nach Bratfett. Gleich am Eingang ist eine Bude für Wurst und Pommes und so Fraß, den du in Freizeitanlagen halt so kriegst, weil alle meinen, das ist das Essen, das jeder gerne mag, dabei gibt sich einfach keiner die Mühe, mal was Gescheites anzubieten.

Neben der Bude rostet eine Minigolfanlage vor sich hin. Auf die hätte ich richtig Lust, aber wir sind ja nicht hier, um etwas zu tun, worauf wir Lust haben. Niemand sonst meckert. Einige quasseln vorfreudig, die Sportlichen dehnen sich schon.

Ich schaue mich um. Der erste Bereich nennt sich *Hochseilgarten.* Seile spannen hoch oben zwischen den Bäumen oder führen zu Hängebrücken und es gibt überall lauter Hindernisse, irgendwelche Platten und Netze,

Rutschen und Stege. Hauptsache, wackelig. Als bräuchte man noch mehr Wackeligkeit im Leben.

Alle paar Meter wechseln sich Mülleimer und Info-Tafeln ab. Dazu noch »lustige« Wegweiser, wo dann so was steht wie:

ROM: 1588 KM – KLO: 15 M

Im nächsten Bereich kann man über Leitern, steile Stufen oder über Kletterwände in Baumhäuser hinauf. Die Häuser sehen aus, als wäre es den Leuten, die sie gebaut haben, null wichtig gewesen, wie sie aussehen.

Die Kletteranlage ist komplett uralt mit ihren verblassten Griffen an den Kletterwänden, den ausgefransten und irgendwie fettigen Seilen, mit all den Schrammen und Rissen und Fetzen. Hier und dort weisen Schilder aus Kartonpapier auf Schäden hin. *Achtung, Wespennest! Betreten verboten! Urs macht das Freitag weg!* Und so weiter.

Mir gefällt das übrigens. Dass nichts fancy ist, sondern eher irgendwie defekt und geflickt und gebraucht. Top gepflegt sind einzig die Hecken. Das ist ja in Deutschland überall so, die Hecke pflegst du.

Sechs viel zu gut gelaunte und viel zu braungebräunte Klettertrainer begrüßen uns. Sie sind derart mit Zeug

behangen, ich wundere mich, dass sie nicht zusammenklappen unter dem Gewicht. Helme und Gurte, Schnüre und Karabiner, Schlingen und Messer. Einer hat sogar eine kleine Axt geschultert, über deren Schaft wieder drei Helme hängen.

Sie stellen sich vor und entschuldigen sich gleich, heute etwas unterbesetzt zu sein. »Krankheit und Alkohol«, ruft einer und die anderen lachen. Hä, was ist daran witzig?

Sie erklären, wie es läuft, und führen vor, was zu tun ist. Dabei scheppern und klirren sie wie sechs Riesentöpfe. Als wäre das nicht störend genug, bringen sie ständig Kletterwitzchen.

Warum meinen die Erwachsenen eigentlich, jede längere Info für uns »auflockern« zu müssen? Ich will nicht locker werden, ich will verstehen, wie ich irgendwo hochkomme und heil wieder runter.

Ich wette, sie erzählen jeder Gruppe dieselben Witzchen. Eines geht so: »Sollte einer von euch gleich stürzen, bitte dabei nach rechts schauen – da ist die Aussicht besser.«

AHAHAHA! DAS IST SO NULL LUSTIG! SCHON ALLEIN WEIL RECHTS UND LINKS DER KOMPLETT GLEICHE WALD KOMPLETT GLEICH AUSSIEHT!

Die meisten lachen oder lächeln aber, und ich glaube, gar nicht mal aus Höflichkeit, sondern weil sie den Witz wirklich gut finden.

Wäre ich doch mehr wie *die meisten*! Und nicht ständig abgelenkt und genervt von Kleinigkeiten, schlechten Witzen und geschulterten Äxten! Wie schön muss wohl das Leben sein, in dem man unwichtige Sachen einfach ignoriert? Sich auf das Wesentliche konzentriert, ganz egal, wie doof man das Wesentliche findet? Zuhören, obwohl dich etwas null interessiert, das ist die größte Kunst!

Ich höre am besten zu, wenn sonst niemand zuhört. Gruppen lenken mich ab und schüchtern mich ein. Schon früher habe ich alles mit Teilnehmerzahl größer eins verweigert. Seepferdchen? Lieber wäre ich ertrunken, als mit zehn Gleichaltrigen, die »Spaß am Wasser haben«, das Abzeichen zu röcheln. (Zumal Seepferdchen komplett gruselige Kreaturen sind.)

Bei der Kletterwerkstatt wäre Zuhören deswegen gut gewesen, weil die Trainer jetzt fertig sind mit den Erklärungen und bei mir außer dem blöden Witz nichts angekommen ist.

Der Trainer mit der geschulterten Axt lenkte mich noch mal zusätzlich ab. Als vorgeführt wurde, wie man den anderen vom Boden aus sichert, kletterte er eine Wand hinauf und hatte seine Axt weiterhin geschultert. Ich fand das komplett mutig und komplett unnötig und konnte nicht aufhören, darüber nachzudenken, warum er das tat. Warum legte er die Axt nicht ab? Ich meine, ihm blieb zum Klettern nur eine Hand! Das musste doch megaanstrengend sein! Es gab auch nichts zu tun für die Axt. Sie blieb die ganze Zeit auf seiner Schulter und das Ganze sah nicht ungefährlich aus. Sind wir hier bei einer Stunt-Show, oder was?

Ich verpasste jedenfalls alle Ansagen der ihn sichernden Partnerin, inklusive der Ansage, dass man nun selbst einen »Kletterbuddy« finden sollte. Und schon war der Kletterbuddy vergeben, mit dem ich vorhatte mich einfach zu verstecken, bis das Theater vorbei war: Jörg.

(Und Benisha auch.)

Stattdessen sehe ich: Jörg holt die Kletterausrüstung gemeinsam mit ... Marko? Gerade zögert er kurz, warum auch immer, da schubst Marko ihn, und die Gänsehaut klettert wieder auf die Kletterwand meines Nackens.

Ich beschreibe, statt zu rennen!

Jetzt aber. Zu Pietritsch, ich renne zu Pietritsch, keuche ein »Piet!« heraus und weiß nicht weiter. Ich weiß nicht, was ich genau von ihm will.

»Na, ist doch *fun*, oder?«, sagt Pietritsch.

Bei aller Liebe, was bitte kann jetzt »fun« sein, wir haben doch nicht mal angefangen? Ich spare mir die Anmerkung, ich brauche den jetzt, also sage ich mit meiner überernstesten Stimme: »Piet, kannst du bitte Jörg im Auge behalten?«

»Wer ist Jörg noch mal?«

»Jörg Schwan? Der mit den großen ... den Strubbelhaaren?«

»Der mit den großen Ohren?«

Ich nicke und sage: »Ich mach mir echt Sorgen.«

»Das ist ja mal lieb von dir!«, sagt Pietritsch und sieht mich mit positiv überraschten Ferienlagerbetreueraugen an.

Ja, los jetzt, Mann!

Warum macht er nichts? Warum rettet er Jörg nicht, bringt ihn nicht weg von hier, weg von der Kletterei, weg von Marko? Warum wühlt er jetzt in irgendwelchen Seilen herum?

Ich sollte ihm erklären, was los ist. Dass ich glaube, Marko plant etwas nicht nur dumm Fieses, sondern dumm Gefährliches. Aus meinem Mund kommt aber: »Weißt du, Jörg ist nicht so der Kletterer.«

»Lernt er ja jetzt.«

»In der Schule ist er befreit oder so.«

Pietritsch hört auf, an den Seilen zu nesteln, und sieht mich an. »Ja, dann geh doch hin«, sagt er. »Geh hin und hilf ihm.«

»Aber ...«

»Have fun!« Pietritsch schultert ein Seil und lässt mich stehen. In genau diesem Augenblick hebt eine Stechmücke von meinem Handrücken ab und der Stich juckt sofort wie Hölle.

Marko und Jörg sind nicht mehr zu sehen. Mir ist ein bisschen nach Abhauen, ein bisschen nach irgendwas Demolieren, ein bisschen ist mir nach Brüllen. Ich sage aber nur sehr leise: »Manno.«

Und laufe los, um Jörg zu finden.

XII
Was ich zugeben muss, im Laufschritt durch den Wald

Dass ich ehrlich froh bin, dass es Jörg gibt. Jemanden also, der den kompletten Stress und Hate abkriegt. Gäbe es Jörg nicht, wäre wahrscheinlich ich das Opfer. Viele finden mich seltsam und schwierig (Benisha auch?). Ich rede wahrlich seltsam und schwierig und oft nicht wie Gleichaltrige (ich meine, »wahrlich«?). Ich mag auch so gut wie nichts, das Gleichaltrige mögen, oder finde es öde oder sinnfrei.

Und teile das auch ungefragt mit.

Bei alldem bin ich in der Schule sehr gut.

Ich wäre ein perfekter Kandidat zum Andersig gemacht werden und zum Ausleben von Aggressionen.

Gelegentlich gab es was. Nicht zu arg. Nur Worte. Nachdem mein Vater weg war. Als wäre es schlimm, wenn zwei Menschen miteinander nicht mehr zurechtkommen. Und danach wegen Geld. Weil Mutter und ich überall sparen mussten.

Und das will ich auch noch sagen, im Laufschritt durch den Wald, weil es wichtig ist: Es liegt nicht an Jörg, dass er verarscht und blöd angemacht wird und gleich vielleicht von einem Baum fällt. Es liegt an den Verarschern und den Blödanmachern und Vom-Baum-fallen-Lassern.

Wenn ich aber von Schuld rede, sage ich mir mit der Stimme meiner Mutter auch sofort automatisch den Satz: »Such nicht nach Schuldigen, sondern nach Lösungen.«

Eine Lösung könnte sein, den Betreuern haarklein zu erzählen, was Jörg aushalten muss. »Wir« kriegen »den Konflikt« nicht gelöst und brauchen sie wirklich, brauchen Erwachsene.

Eine Lösung könnte jetzt konkret sein, die Sache zu vergessen. Die große Gefahr bilde ich mir doch sowieso nur ein. Marko ist komplett fies, er will Jörg vielleicht erschrecken, würde ihn aber doch nicht ernsthaft verletzen. Oder?

Ich bin feige, und meine Lösungen sind feige. Auch wenn Marko Jörg »nur« erschrecken will, ist das nicht schlimm genug? Und die Betreuer könnten vielleicht helfen, das wäre dann aber wie bei Frau Tribeska, und der Stress ginge an anderer Stelle einfach weiter. Außerdem sind beides Lösungen, für die ich nichts oder nicht viel tun muss. Solche, bei denen ich mich nicht direkt mit Marko anlege.

Eine Lösung wäre nämlich, Jörg beizustehen.

»Habt ihr Jörg und Marko gesehen?«

Niemand hat sie gesehen. Ein Specht schlägt die Sekunden meines Zuspätkommens an.

Am äußersten Rand der Anlage erspähe ich die beiden. Fernab von den Trainern, fernab von allen, sodass ich panisch denke: Marko will keine Zeugen.

Jörg zieht sich eine Kletterwand hinauf, Marko sichert ihn. Die Wand ist zwischen zwei riesigen Eichen gespannt, Holzplatten, bunte Griffe, Stiele, Schäfte, Löcher und all das.

Ich renne los. Renne weg. Eine Mücke fliegt in meinen offenen Mund, ich spucke sie aus.

Wolf.

Aus dem Nichts: Wolf. Wie er die Nacht mit seinen gelben Augen zum Glühen bringt. Ich bleibe stehen und drehe um.

Als ich näher komme, höre ich Jörg vor Anstrengung stöhnen. Marko hat mich bemerkt. Ich stelle mich direkt neben ihn und ringe um Atem. Er faucht mich an: »Was willst du?«

»Zugucken«, antworte ich und sehe hinauf.

Und: bleiben. Ich will bleiben. Einfach bleiben, stehen bleiben, hier, an dieser Wand, an diesem Marko. Der wird nichts machen, wird sich doch nicht trauen, Jörg etwas anzutun, wenn jemand in der Nähe ist.

Andererseits: In der Schule hat ihn das selten gehindert.

»Alles okay da oben?«, rufe ich.

Jörg ächzt. Durch die Blätter malen Sonnenstrahlen Goldmünzen auf seinen Rücken.

»Na ja«, hechelt er und tastet nach dem nächsten Halt, wagt den nächsten Schritt. An seiner Hüfte hängt ein Gurt, von dem ein Seil nach oben führt, ein anderes Seil hält unten Marko fest. Oder ist es dasselbe Seil? Kann Jörg überhaupt was passieren? Ist das nicht irgendwie sowieso alles total sicher und Marko sichert nur zusätzlich ab?

Hätte ich vorhin besser aufgepasst, hätte ich jetzt die Antworten.

»Hau ab, Mann. Ich schwör, hey ...«, schwört Marko und kleine Spucketröpfchen fliegen aus seiner Wut. Ich schwöre, alles in mir würde am liebsten genau das tun, abhauen.

Fast alles.

Jörg befindet sich nun unterhalb einer Plattform, die wohl für eine Verschnaufpause angebracht wurde auf dem Weg zur Baumkrone. In der Krone, am höchsten erreichbaren Punkt, wartet eine Schaukel als eine Art Belohnung für den, der es schafft.

Jörg greift nach der Plattform. Rechte Hand. Linke Hand. Er hat sie! Gibt alles, Jörg gibt alles, und jetzt zieht er, zieht sich auf die Plattform, stöhnt, schreit – verliert den Halt, verliert den Kontakt, rutscht ab, und im nächsten Augenblick hängt er nur da, hängt an dem Seil. Eine Marionette, denke ich.

Unten zieht Marko kraftvoll – so kommt es mir vor – an seinem Seilende, während Jörg mit Armen und Beinen wie ein Käfer in der Luft zappelt.

Ich halte den Atem an.

»Alles paletti!«, ruft Jörg.

Sag nicht *paletti* – denke ich und denke aber auch: Jörg schafft das nicht. Ich denke: Er kann es nicht schaffen. Diese Geschichte kann nicht gut ausgehen.

Und als wolle er meinen Pessimismus bestätigen, lässt Marko kurz das Seil hochrutschen, worauf Jörg ruckartig ein kleines Stück tiefer fällt. Marko grinst. Jörg aber zappelt weiter, pendelt nun hin und her, schwingt sich immer näher an die Plattform heran und bekommt sie wieder zu fassen, zieht sich hoch, rollt sich drauf. Wir sehen nur seine baumelnden Beine, und mir ist nach Jubeln.

»Alter, wenn du dich nicht sofort verpisst, fuck ich dich ab!« Schweißperlen wie Fieber auf Markos Stirn.

»Na, Jungs? Alles Klärchen?« Es ist der Trainer mit der Axt, er klimpert zu uns rüber und ich atme auf. »Sorry, wurde aufgehalten«, sagt er und schielt nach oben. »Ich sehe aber, ihr habt das ja voll im Griff.«

Jörg wagt sich tatsächlich schon an das nächste Kletterstück. Er ist ganz in Sonne getaucht, sein Körper, sein Kopf, seine Ohren, seine dürren Beine, wie aus Licht gegossen.

»Bremsseil – Lastseil, gell?«, sagt Axtl und zeigt auf etwas und boxt dann Marko kumpelhaft gegen die Schulter, und Marko sieht aus, als würde er am liebsten zurückboxen.

»Und du?«, der Trainer wendet sich mir zu. »Hast du keinen Kletterbuddy?«

»Ich hab Höhenangst«, sage ich. »Und Moosangst. Und Baumflechtenangst.«

»Der Penner lügt«, sagt Marko, was natürlich in der Gesamtheit des Urteils stimmt. (Obwohl Moose wirklich unheimlich sind, oder? Was soll das Weiche und Feuchte?)

»Komm mit«, sagt der Axtl. »Ich helfe dir.«

»Nee, echt nicht«, sage ich, entschlossen, hier auszuharren, bis Jörg wieder sicher unten ist. Der kommt langsam, aber stetig voran. Sieht sich

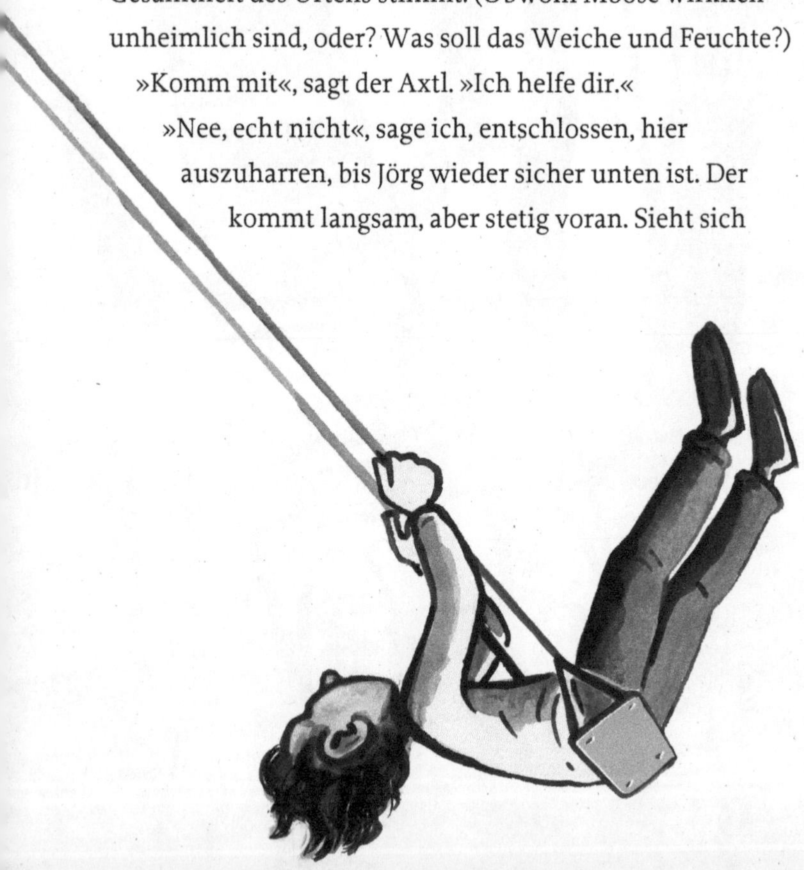

nicht um, sein Blick geht immer wieder zur Krone und zur Schaukel hinauf.

»Wie du meinst«, sagt Axtl. »Bist du ein Feigling, bist du eben ein Feigling.«

Ob die Nummer ernsthaft mal bei jemandem gezogen hat, so als Motivation? Am liebsten würde ich den Typen und seine Axt ignorieren, halte es aber für vernünftiger, ihn zu beschäftigen, damit er nicht weggeht. Ich stelle ihm also Fragen. Offensichtliche und merkwürdige Fragen, vor allem aber solche, die ihn zum Bescheidwissen anregen. Alle Menschen wissen supergern Bescheid.

Ob er Äxte mag.

Wie seine Axt, die da, heißt.

Ob Äxte nicht eher für das Fällen von Bäumen geeignet sind als für das Klettern auf Bäume.

Wann ist eine Kletterwand anspruchsvoll?

Wie dick ein Kletterseil sein muss, um eine Giraffe zu halten.

Woher er sich denn sicher sei, dass Giraffen nicht klettern.

Was seine persönliche Kletterphilosophie sei.

Ob er den Spruch aus einem Glückskeks hat.

Ob Auf-etwas-Klettern immer schon sein Traumberuf war.

Während ich die Fragen stelle, erwische ich einen Blick

von Marko. Beziehungsweise, sein Blick erwischt mich. Als wäre ich Baum und er eine Axt, so ein Blick. Aber da muss ich jetzt durch.

»Welches Geräusch ist dein liebstes Geräusch?«, frage ich den Trainer.

Der Trainer sagt, sein Lieblingsgeräusch sei das Schleifen eines Axtblattes.

Mein Lieblingsgeräusch gerade ist Jörgs »Juhu!«. Er sitzt hoch oben in der Schaukel und stößt sich ab.

»Ein mega Team«, ruft der Axtl und meint Marko und Jörg. »Das Klettern und das Küssen sind gleich«, fügt er hinzu. »Zu zweit am besten!« Und er will nun weg.

Zu früh. Jörg muss ja auch runterkommen. Also habe ich noch eine Frage zu Kletterschuhen und noch eine, und die interessiert mich wirklich: ob er zu Investitionen in die Forstwirtschaft raten würde? Da kennt sich der Trainer aber leider nicht aus.

Jörg ist auf dem Boden angekommen.

Ich kann nicht anders, als ihn zu umarmen.

»Wollen wir los?«, frage ich.

Jörg sagt: »Nein. Marko ist dran.«

»Was?«, rufen Marko und ich zugleich.

»Marko ist dran«, wiederholt Jörg.

Der Axtl nickt und will noch mal das Sichern erklären,

aber Jörg unterbricht ihn. »Ich weiß Bescheid«, sagt er, sagt es ruhig und sieht Marko in die Augen.

Jörg hilft Marko mit den Gurten. Marko guckt ein bisschen wie ein Schaf. Ich weiß nicht, wie Schafe gucken, aber ich stelle mir vor, dass es so ist, wie Marko jetzt guckt.

»Jörg?«

Jörg antwortet nicht.

Marko beginnt zu klettern. Sehr langsam. Blickt immer wieder nach unten. Als er auf der Plattform angekommen ist, sagt der Trainer: »Ihr kriegt das hin, Männer«, und entfernt sich.

Jörg sagt, ohne mich anzusehen: »Du kannst auch los. Ich hab das im Griff.«

Also gehe ich, blicke mich nicht um, erwarte den Schrei. An der Pommesbude setze ich mich in den Schatten. Nach und nach kommen auch die anderen zurück und bestellen ihre *wohlverdienten* Pommes. Marko und Jörg sind nicht darunter. Ich mache mir

wieder Sorgen und suche die Betreuer. Pietritsch und Bella sind unauffindbar. Zora meditiert im Schneidersitz unter einer Eiche.

Als ich näher komme, stellt sich heraus, sie meditiert nicht, sondern spielt *Candy Crush* auf ihrem Handy. Sie spiele nur schnell das Level fertig, sagt sie, ohne den Blick von dem Gerät zu lösen, dann gehe sie suchen.

Koriander lasse ich weg, der weiß sowieso von nichts, ich bin mir nicht mal sicher, ob er noch weiß, dass er Ferienbetreuer ist.

Also gehe ich selbst. Die Kletterwand ist verlassen. Die Seile hängen schlaff herunter, die leere Schaukel wiegt sich sachte im Wind.

Auf dem Rückweg begegne ich Pietritsch und Bella. Sie wanken aus der Minigolfanlage und sehen irgendwie gerädert aus. Vielleicht waren sie auch auf der Suche. Nein. Denn sie zählen die Anwesenden und stellen erstaunt fest, dass Marko und Jörg fehlen.

»Weiß jemand, wo die sind?«, fragt Pietritsch.

»Ist doch deine Aufgabe, zu wissen, wo wir sind«, sage – richtig: ich. Zu aggro natürlich. Pietritsch kann ja nichts dafür, dass Marko ein Idiot ist. Ich beschreibe, wo ich sie zuletzt gesehen habe, was sauschwer ist, weil, beschreib mal, wo etwas ist im Wald. »Gerade waren sie nicht mehr da«, sage ich.

Pietritsch hat einen glorreichen Plan: »Na gut«, sagt er, »wir warten noch ein bisschen.«

Ich kriege eine Riesenlust, ihn mit Moos zu bewerfen, weiß auch nicht. Da raschelt es und knackt, und die Gesuchten rascheln und knacken aus dem Wald. Jörg zuerst, ein paar Schritte dahinter Marko. Ihre Gesichter sind gerötet, die Augen weit aufgerissen, die Haare kleben strähnig an der Stirn. Mitgenommen sehen sie aus, abgekämpft, gehetzt.

Ich laufe Jörg entgegen, will fragen, ob alles okay ist.

Der hebt die Hand, von wegen »Nicht jetzt«, und springt direkt in den Bus.

Auch Marko wird erwartet, die Dreschkes umschwirren ihn. Sie sind heiß auf eine Geschichte.

Marko reißt Dreschke 1 die Trinkflasche aus der Hand, gießt sich den Inhalt halb über den Kopf, den Rest trinkt er und steigt wortlos in den Bus.

Auf der Fahrt zurück schweigen und schwitzen wir. (Müdigkeit und kaputte Klimaanlage.) Jörg sitzt wieder vorne, Marko, Kopfhörer auf, hinten.

Was war vorgefallen zwischen den beiden? Ich würde Jörg am liebsten sofort ausfragen, will aber nicht stören. Kennst du das? Du siehst von jemandem nur den Hinterkopf und weißt schon, der will seine Ruhe und sonst nichts.

Nach der Ankunft ist er der Erste, der den Bus verlässt. Schnellen Schrittes durchquert er die Lichtung und verschwindet in der Hütte. Gut, dann frage ich ihn dort aus.

Als ich ankomme, verlässt Jörg die Hütte schon wieder. Er hat sein Duschzeug dabei. Jörg duscht gern dann, wenn er sich ausrechnet, dass sonst wenige duschen, er will das jetzt schnell hinter sich bringen.

Ich dagegen würde am liebsten den restlichen Tag ungeduscht im Bett verbringen, und tatsächlich heißt es,

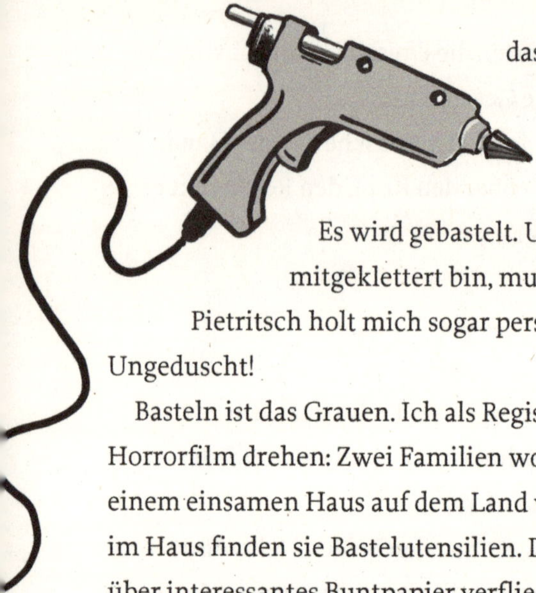

dass wir den Nachmittag »frei«haben. »Frei« bedeutet aber auf Ferienlagerdeutsch: Es wird gebastelt. Und weil ich nicht mitgeklettert bin, muss ich mitbasteln.

Pietritsch holt mich sogar persönlich aus der Hütte ab. Ungeduscht!

Basteln ist das Grauen. Ich als Regisseur würde diesen Horrorfilm drehen: Zwei Familien wollen ihre Ferien in einem einsamen Haus auf dem Land verbringen. Überall im Haus finden sie Bastelutensilien. Die anfängliche Freude über interessantes Buntpapier verfliegt schnell – sie verfallen einem regelrechten Bastelwahn. Bald erwachen all die gebastelten Klopapierschmetterlinge und Streichholztiger zum Leben und greifen die Familien mit Heißklebepistolen an. Der Film würde heißen: »Dämonische Bastelscheren des Blutes«.

Ich bin meiner Mutter komplett dankbar, dass sie nie mit mir basteln wollte.

Das Ferienlager-Bastelangebot sieht so aus: Windlichter basteln oder Drachen basteln oder Pfeil und Bogen basteln. Ich entscheide mich für Pfeil und Bogen.

Wir sollen in Gruppen basteln, um unsere soziale

Bastelkompetenz zu stärken. Ich bastle allein. (Theoretisch bastele ich aber mit Benisha, weil auch sie Pfeil und Bogen bastelt, nur leider am anderen Tisch. Benisha motiviert mich, dabei wäre ich gerne unmotiviert geblieben. Und wirklich: Die Sehne spannt, der Pfeil fliegt, ich treffe ins Ziel. Das Ziel ist zwar nicht das, auf welches ich gezielt habe, aber es weiß ja außer mir niemand, was mein Ziel war.)

Nach dem Abendessen werden zwei aus der Parallelklasse von ihren Eltern abgeholt. Heimweh. Kurz ist solidarische Stimmung. Es wird umarmt und verabschiedet. Ich schaue den beiden neidisch hinterher. Aber nicht nur neidisch. Etwas in mir sagt: Du ziehst das jetzt durch.

Der Koch taumelt über die Lichtung mit einem bedrohlich schwankenden Tellerturm auf den Händen. Er schafft es gerade so in die Küche.

Etwas stimmt nicht. Der Koch hat doch die Kraft von

dreihundert Köchen. Ich folge ihm. Schwer atmend lehnt er am Herd, die Hand an der Stirn.

Ich frage, was los ist.

»Weiß nicht. Irgendwie.« Sagt der Koch. Der blasse Koch.

Mehr muss ich nicht wissen. »Ich mach das«, sage ich und fange an, abzuspülen.

Der Koch nickt, der Koch legt sich hin.

Ich koche ihm einen Tee und bringe ein feuchtes Tuch für seine heiße Stirn.

Am Abend soll es eine Schwarzlichtdisko geben, stattdessen gibt es einen Kurzschluss. Der Strom fällt aus, die Welt schließt die Augen: Schwarz.

Alle schreien. Die einen vor Freude, weil endlich etwas Spannendes passiert. Die anderen, weil sie sich fürchten. Ein paar schreien einfach, weil alle schreien. Und wieder andere (ich) schreien, ob es einen Stromgenerator gibt.

Die Betreuer handeln so komplett geschmeidig, als hätten sie geplant, dass der Strom ausfällt. Und vielleicht haben sie das ja. Ich würde es abfeiern, endlich eine gute Aktion. Eins nach dem anderen blinzelt hier ein Windlicht, dort eine Taschenlampe, drüben ein Handy. Mit den ruhig tanzenden Lichtern beruhigen auch wir uns. Auch manche von uns: tanzen. Bella spielt wieder Gitarre, aber diesmal, in dieser kleinen Lichtgänsehaut der Nacht, wirken ihr Gesang und die Musik passend und null peinlich.

Noch später, mit der Kerze, bin ich überrascht, Jörg nicht in der Hütte anzutreffen. Auch beim Abendessen habe ich ihn nicht gesehen. Ich beschließe, mir keine Sorgen zu machen.

Ich lege mich hin, das warme Kerzenlicht reicht gerade so zum Lesen. Das Sirren der Mücken drinnen, und draußen ein paar sirrende Stimmen. Ganz nah und ganz weit, wie erinnert. Halbschlaf, Dunkelheit.

Das Gesagte aller Ferienlager.

Die Geheimnisse aller Ferienlager. Die Freuden, die Ängste, die Splitter im Finger. Das Heimweh. Die Unsicherheiten. Das Glück. Das Bestehen von Prüfungen, das Bestehen von Einsamkeiten, von Stromausfällen.

Das Scheitern, das Gelingen.

Wolf.

Der Wolf interessiert sich diesmal für die Nacht. Hockt am Fenster, späht hinaus, ein Schemen im Lichthauch der Kerze. Dreht die Ohren, horcht. Erhebt sich, streift vor dem Fenster hin und her, der Wolf wacht. Der Wolf winselt wie ein unruhiger Hund.

Vor diesem Wolf habe ich weniger Angst. *Um* diesen Wolf könnte man Angst haben.

Wie viel Zeit ist vergangen, seit dem Stromausfall? Wie viel, seit ich hier liege?

Jörg ist noch immer nicht zurück.

Der Wolf knurrt und dreht den Kopf in meine Richtung, und da sind die gelben Augen und da ist die Angst, meine, aber auch seine.

Ich ziehe mir die Decke über den Kopf.

Jörg kommt spät in der Nacht. Glaube ich. Ein Geräusch war da. Ich traue mich nicht, nachzusehen, ob im Traum oder im Raum. Ich hoffe also, träumend, dass sich Jörg in der Wirklichkeit gerade hinlegt.

So wie ich in der Wirklichkeit hoffe, dass der Wolf nur geträumt ist.

Am Morgen schwirrt auf dem Nachttisch in einem leeren Marmeladenglas ein Schmetterling. Es ist ein Gelbwürfeliger Dickkopffalter. Unter dem Glas diese Notiz:

Danke für das Aufpassen beim Klettern.
Jörg

Der Schmetterling bewegt die Flügel ein ganz, ganz winziges bisschen. Als würde er schlafen und vom Fliegen träumen.

Ich öffne das Fenster und öffne das Glas, um ihn freizulassen, und er zögert lange.

XIII
Der Koch kotzt

Jörg fehlt beim Frühstück, und auch das Frühstück fehlt. Koriander teilt uns mit, der Koch habe sich den Magen verdorben und die ganze Nacht gekotzt.

»Hat bestimmt sein eigenes Essen probiert«, ätzt Marko.

Ich besuche den Koch.

Der Koch kniet vor einem Eimer.

»Hallo, Koch«, sage ich.

»Hallo, Dickkopf«, sagt der Koch.

»Ist es sehr schlimm?«, frage ich.

»Was verstehst du unter *sehr schlimm*?«, antwortet der Koch.

»Dass du nicht kochen kannst?«

»Nicht arbeiten können ist nicht schlimm«, sagt der Koch. »Schlimm ist, arbeiten zu müssen, *obwohl* etwas schlimm ist. Abhängig sein von der Arbeit, verstehst du?«

»Kapitalismus«, sage ich, weil ich weiß, dass Erwachsene das gerne sagen, wenn sie nicht einverstanden sind, wie Dinge laufen.

»Kapitalismus«, sagt der Koch und kotzt.

Es ist kein angenehmer Anblick: der große, starke Koch klein und schwach. »Hast du schlimme Schmerzen?«, frage ich.

»Was verstehst du unter *schlimm*?«, sagt der Koch wieder und wischt sich mit dem Handgelenk über den Mund.

»Du nervst«, sage ich und lache, und es kommt mir vor, als wäre es mein erstes Lachen hier seit der Ankunft.

Der Koch grinst. »Du bist okay, Dickkopf.«

»Willst du nicht wissen, wie ich heiße?«, sage ich.

»Ist mir egal«, sagt der Koch. »Dickkopf halt. Verzupf dich jetzt und hilf beim Frühstück. Ich brauche vierhundert Stunden Schlaf.«

In der Küche bereiten Jörg, Benisha und ein paar andere schon das Frühstück vor. Einerseits gut, Jörg so zu erleben: dabei, nicht allein, beschäftigt. Und ich stehe in der dämlichen Tür dieser dämlichen Küche und spüre auf einmal aber auch so etwas wie Neid. Komplett dämlichen, idiotischen Neid. Zum Glück: nur kurz.

Koriander lehnt an der Spüle und telefoniert. »Nein, das ist keine Lösung«, sagt er, »das schaffen wir nicht. Ein neuer Koch muss her, am besten noch heute.«

Das ist eine schlechte Nachricht! Weiß der Koch davon? Ich laufe los und voll in die nächste schlechte Nachricht hinein: Marko. Der stand direkt hinter mir und sagt jetzt so einen Aggro-Satz der Art, »Wen haben wir denn da?« / »Wohin so eilig?«.

War er mir gefolgt? Ich meine, ist das jetzt wegen der Kletterwerkstatt?

Marko zupft einen Fussel oder was von meinem Shirt und schnippt ihn weg und starrt mich an.

Ich mache wieder kehrt, zurück in die Küche.

Shit. Shit. Shit. Was nun!

Ich drücke mich eine Weile um Koriander herum und versuche etwas, was meine Mutter mir oft vorschlägt: Ich horche in mich hinein.

»Hau hier ab«, höre ich in mir. Okay.

Koriander beendet das Telefonat.

»Herr Koriander?«

»Meinst du mich?«

»Geht der Koch«, sage ich (nicht allzu laut, damit Benisha und Jörg

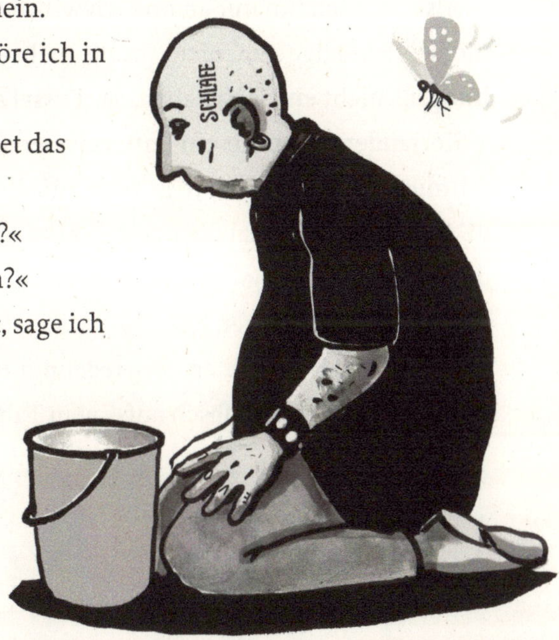

es nicht hören), »gehe ich auch. Ich will hier weg, ich will nach Hause.«

»Wieso das denn?«, fragt Koriander. Auf seinem Telefon ist ein Butterklecks. Koriander streift ihn weg und leckt sich dann den Finger ab. »Die Hälfte hast du doch schon rum.«

Weil Marko meinen Entschluss, das hier durchzuziehen, einfach so weggeschnippt hat wie den Fussel. Weil ich seinem Blick nicht mehr begegnen will und auf seine Fragen, die keine Fragen sind, keine Antworten habe, die Antworten wären. Weil Jörg angekommen zu sein scheint, mir aber jede Lust, zu bleiben, abhandengekommen ist.

Das alles Koriander, dem Gewürz, klarzumachen, erscheint mir leichter als Koriander, dem Mann.

Also sehe ich ihn nur an und ich will auf einmal alles nicht. Nicht feige sein, nicht mutig, nicht entschlossen, nicht hungrig, nicht ein Shirt haben, das Fussel anzieht.

Koriander reicht mir ein Buttermesser. »Magst du die schmieren?«, fragt er sanft. Er zeigt auf eine Brötchenplatte. »Denk dabei noch mal über deine Sache nach und komm danach gern noch mal zu einem von uns, okay?«

Ich kriege ein Nicken hin.

Jörg schneidet Tomaten, Jörg redet mit Benisha, Jörg arrangiert Brötchen hübsch auf einem Tablett.

Die Butter ist hart.

Marko geht vor der Küche auf und ab.

So ist das also.

Ich schmiere mal los, so langsam wie es geht.

Die Küche verlasse ich gemeinsam mit den anderen. Wir servieren das Frühstück, man klatscht uns dankbar einen kleinen Beifall. Auch Marko klatscht. Wahrscheinlich ironisch.

Während des Frühstücks beachtet er mich nicht weiter. Habe ich mir die Bedrohung nur eingebildet? Ich suche trotzdem Pietritsch auf. Ich glaube, der wird mich am ehesten gehen lassen, weil er einfach froh sein wird, mich loszuwerden.

Pietritsch und Bella frühstücken am Waldrand auf einer Picknickdecke. Es ist sofort allen klar, Pietritsch, Bella und der blöden Decke und der Melone auf der Decke, dass ich störe.

»Was gibts?«, fragt Pietritsch. Oder die Picknickdecke. Auch egal.

»Warum haben wir keine Melone?«, frage ich.

»Das ist eine private Melone«, sagt Pietritsch. »Willst du ein Stück?«

»Ich will nach Hause«, sage ich, und, keine Ahnung, wieso,

aber ich knie mich auf die Decke und nehme wirklich so einen Melonenhalbmond.

Pietritsch beugt sich wieder mal zu mir, das macht er echt gern: »Was ist denn los? Können wir was tun?« Sein Atem riecht säuerlich und in seinem Ziegenbärtchen hängt ein Brotkrümel, der Atem des Wolfs hat besser gerochen.

Irgendwie fühlt es sich an, als stelle er die Fragen, damit Bella sie hört, und nicht, weil ihn meine Antwort interessiert.

»Ich habe Albträume«, sage ich. »Ich kriege kaum ein Auge zu.« Ich versuche, auszusehen, als würde ich gleich weinen, aber mit der Melone wirkt das bestimmt albern.

»Magst du nicht den Wasserfall sehen heute?«, fragt Bella.

»Wasserfälle sind doch bloß fallendes Wasser«, sage ich.

»Morgen backen wir Brot«, sagt Pietritsch.

»Ich will Banker werden, nicht Bäcker«, sage ich.

»Und wir wollen unter freiem Himmel schlafen«, ergänzt Bella.

»Ich hab doch schon in der Hütte Albträume!«, sage ich.

»Große Jungs haben doch keine Angst vor Träumen«, sagt Pietritsch jetzt, und das ist so ein blöder Spruch! Ich stelle mir vor, wie Pietritsch vom Wolf gefressen wird und wie danach auch der Wolfsatem säuerlich riecht, und im Wolfsfell hängt ein Betreuerkrümel.

»Alle haben Angst vor irgendwas. Alle!«, rufe ich. »Es ist egal, wie alt, und es ist auch egal, wovor. Es zählt nicht die Art der Angst, sondern das Haben der Angst!«

Keine Ahnung, woher ich das habe, es klingt aber recht gut.

So klingt allerdings auch, was Bella erwidert: »Dann hast du doch, wenn du bleibst, nichts zu verlieren, außer der Angst.«

Irre! Das stimmt ja komplett! Und auch wenn es sicher wieder von einer Cornflakes-Packung kommt, ich bin völlig baff. Weil es auch zu dem eigentlichen Albtraum passt: Marko.

»Niemand geht, bevor alle gehen«, sagt dann Pietritsch aber und isst ein Sauergürkchen. Bella sieht ihn von der Seite an. Da besinnt er sich wieder und ergänzt: »Aber wenn es wirklich so ernst ist, lassen wir dich abholen. Ist klar.«

Ich überlege. So ernst wie für Jörg war es für mich nie. Ich will den Ausweg, den eigentlich er braucht.

Braucht er ihn noch?

»Kannst du es noch mal versuchen?«, fragt Bella, und die Frage tut mir gut. Auch dass die beiden diese ganzen blöden Aktivitäten vorschlagen, tut mir gut. Mich überreden wollen, zu bleiben, obwohl sie wissen, wie schwierig ich bin.

»Okay«, sage ich und nehme noch ein Melonenstück. Für unterwegs. Ich stehe auf und sage dann noch: »Habt ihr zwei eigentlich was miteinander?«

Die beiden sagen: »Ja.«

Ich sage: »Okay.«

Das Frühstück ist noch im Gange. Der Platz Jörg gegenüber ist frei und die Plätze rechts und links von ihm auch. Einiges ändert sich so schnell nicht.

»Alles klar?«, sagt Jörg.

»Nein«, sage ich. »Ich schlafe komplett schlecht.«

»Ich auch«, sagt Jörg. »Aber das ist nichts Neues.« Er hat einen Mückenstich am Ohrläppchen, das ist jetzt wirklich ein Riesenpech.

»Was wolltest du bei den Betreuern?«, fragt er und beißt saftig in sein Brötchen.

»Weg wollte ich«, sage ich.

»So schlimm?«, fragt Jörg.

»Was verstehst du unter *schlimm*?«, sage ich.

Jörg kaut und sagt dann mit so einer Ratschlag-Stimme: »Du solltest vielleicht erst mal zu Hause anrufen.«

Ich will keine Ratschläge von Jörg. (Komplett null hilfreicher Gedanke.)

»Falls du ein gutes Zuhause hast«, ergänzt Jörg.

Ja, ich habe ein gutes Zuhause. Und ja, genau jetzt vermisse ich es auch. Im Hals und heiß hinter den Augen: das Heimweh. Komisch, ein Geruch ist es, an den ich gerade

denken muss, der zarte Rest vom Zigarettenrauch im Arbeitszimmer, wenn ich aus der Schule komme und den Kopf durch die Tür stecke, um Mutter Hallo zu sagen, und Mutter lächelt und steht auf, um mich zu umarmen.

»Jörg?«

»Ja?«

Ich würde jetzt gerne so etwas sagen wie: »Wir kriegen es hin.« Oder: »Es wird alles gut.« Oder: »Ich bleibe, weil ich nichts zu verlieren habe, außer der Angst.«

Ich sage aber: »Was war eigentlich beim Klettern gestern? Mit Marko und dir?«

»Was soll gewesen sein?«

»Als ich weg war, weißt du?«

»Alles gut«, sagt Jörg und wischt sich den Mund gründlich mit einer Serviette ab.

Ich senke die Stimme: »Meinst du, er lässt dich jetzt in Ruhe?«

Jörg schiebt seinen leeren Teller von links nach rechts auf dem Tablett. Dann von rechts nach links. »Ich hab die halbe Nacht den Schmetterling gesucht«, sagt er dann. »Das war ganz schön abenteuerlich!«

Und lächelt. Jörg lächelt.

Es soll wieder gewandert werden, das Ziel ist der Wasserfall. Als die Betreuer verkünden, dass die Wanderung freiwillig ist, atmet das halbe Ferienlager auf, wahrscheinlich atmet auch der Wasserfall auf. Mitkommen will vor allem die Sport- und Frischluft-Gang. Und Jörg, der Wandersmann, natürlich. Er meldet sich, hebt die Hand, und als Jörg sich meldet, melden sich auch Marko und die Dreschkes.

Jörg entgeht das nicht. »Na ja«, sagt Jörg.

Ich sage: »Ich komme mit, okay?« Ich sage es aber nur in meinem Kopf.

Jörg geht packen.

Die Betreuer stehen am Brunnen und besprechen etwas. Ich stelle mich daneben, als gehörte ich dazu. Pietritsch verdreht die Augen, ganz offen.

Ich sage: »Geht es um den Koch?«

Es geht um den Koch.

Ich sage: »Ich habe eine Idee.«

Pietritsch sagt: »Oje.«

»Aus Ideen wächst die Welt«, summt Bella.

»Genau!«, sage ich. »Also: Einige von uns machen ja nicht bei jedem ... bei jeder Sache mit. Wir, die heute keine Lust auf fallendes Wasser haben, sorgen für das Mittagessen. Das ist doch so was wie Eigeninitiative, nicht? Habt ihr bestimmt bei euren Lehrgängen gelernt.«

»Du kannst kochen?« Zora stellt gleich die richtige Frage.

»Jeder kann kochen«, sage ich. (So heißt ein Kochbuch, das meine Mutter mal geschenkt bekommen hat.) »Und der Koch ist ja nicht tot. Er kann uns beraten. Und mal unter uns: Die anspruchslose Meute da, die ist doch auch mit Buttertoast völlig zufrieden. Zum Frühstück, zum Mittagessen *und* zum Abendessen.«

»Wir sind schon dabei, einen Ersatzkoch zu organisieren«, sagt Koriander.

»Ach, wir kriegen das mit unserem hin!«

Und da geschieht etwas, das komplett selten geschieht: Jemand findet eine Idee von mir gut.

»Warum eigentlich nicht?«, sagt Koriander.

»Es gibt genug Toast«, sagt Zora.

»Der Toaster riecht nach Tod«, sagt Pietritsch.

»Einen Toaster«, sagt Zora, »kann man ja sauber machen.«

Jörg packt seinen Rucksack erneut mit der Sorgfalt eines Ausflüglers im Hochgebirge. Dabei pfeift er fröhlich, Jörg pfeift ein Liedchen.

Ich klettere auf mein Bett und sehe ihm zu. Jeder Handgriff sitzt, und als er fertig ist, schnürt er den Rucksack zu und bleibt davor knien. »Vor ein paar Jahren war ich mit Papa in Südtirol wandern«, sagt er, nimmt einen der Pins vom Rucksack ab und sieht ihn sich genau an. »Es war Herbst und überall, wirklich überall: Apfelgärten. So viele Äpfel! Wir sind durch die Täler gewandert, dann hoch hinauf, dann wieder runter und zu den Äpfeln. Ich liebe Äpfel!«

Und das war sie wieder, das war die Geschichte.

Jörg schmiert sich dick Sonnencreme ins Gesicht und auf die Arme. Jörg schultert den Rucksack.

»Du kommst nicht mit?«, fragt er an der Tür.

Meine Feigheit sticht mich stechmückengleich von innen in die Brust. »Ich bleibe hier und helfe beim Kochen«, sage ich.

Jörg nickt. Das Haar steht ihm auch heute ab, der olle Rucksack wie ein Schildkrötenpanzer, als er zu den anderen hopst.

Sein Zauberwürfel liegt auf dem Tisch.

Ich schaffe eine Seite.

Nachdem die Wandertruppe weg ist, suche ich in der Küche die Privatmelone. Etwa die Hälfte ist übrig. Ich schneide davon noch mal die Hälfte ab und will sie dem Koch bringen.

Der Koch liegt in seiner Hütte, blass wie das Laken. Als er die Melone sieht, springt er auf und kotzt in den Eimer.

Ich stelle die Melone vor die Tür und entschuldige mich.

Der Koch wirft sich Wasser ins Gesicht und schlurft zurück ins Bett.

»Wir übernehmen das Kochen«, sage ich. »Du hast Urlaub.«

»Habs schon gehört. War deine Idee.«

»Gut, oder?«

»Ich wäre lieber nach Hause.«

Shit. Das habe ich natürlich nicht bedacht.

»Geht aber langsam besser«, sagt der Koch zum Glück. »In der letzten Stunde habe ich mich nur fünf Mal übergeben.« Er deutet auf ein Handtuch (schwarz), ich soll es feucht machen. »Der Ziegenbart hat auch erzählt, du willst nach Hause?« Er legt sich das Handtuch auf die Stirn. »Was ist los?«

»Irgendwie alles scheiße.«

»Was ist das Scheißeste?«

Es fallen mir gleich zehn Dinge ein. Ich könnte aber auch einfach »Marko« sagen. Der Koch würde verstehen. Es ist nicht leicht, etwas zuzugeben, was einen schwach erscheinen lässt.

Ich räuspere mich und sage stattdessen: »Die Natur ist so eine Arschgeige.«

»Denk mal nach, wie gut es ist«, sagt der Koch, »sich aussuchen zu dürfen, was einem nicht passt.«

Ich denke nach.

»Die beiden aus deinem Buch? Die Außenseiter, die alles blöd fanden? Haben die aufgegeben?«, fragt der Koch.

»Die sind doch ausgedacht«, sage ich genervt, weil auch der Koch jetzt irgendwie mit Erziehung daherzukommen meint.

Es klopft. Koriander steht vor der Tür. Er hat sich eine bescheuerte Küchenschürze umgeworfen, die einen muskulösen Oberkörper zeigt, sodass es so ein bisschen aussieht, als wäre Koriander muskulös. Auch für mich hat er eine Schürze, die zeigt einen halben Gartenzwerg.

»Unser Küchenjunge«, sagt Koriander und wirft mir die Schürze zu. »Komm mal mit. Die Kartoffeln schälen sich nicht von allein.«

XIV
Der Rucksack

Die Wasserfallwanderer kommen am späten Nachmittag zurück. Marko voran, dahinter, merkwürdig mit etwas Abstand, die Dreschkes. Als Letzter taucht Jörg aus dem Wald auf. Den Kopf hält er gesenkt, Kinn auf der Brust.

Shit.

Bella ist an seiner Seite, begleitet ihn über die Lichtung. Vor der Hütte dreht sie ihn zu sich und sagt etwas, die Hände auf seinen Schultern.

Erst jetzt bemerke ich den Rucksack: fleckig-nass und matschverdreckt. Und alle Pins, bis auf einen, weg.

Shit. Shit. Shit.

Bella wendet sich zum Gehen ab, Jörg verschwindet in der Hütte.

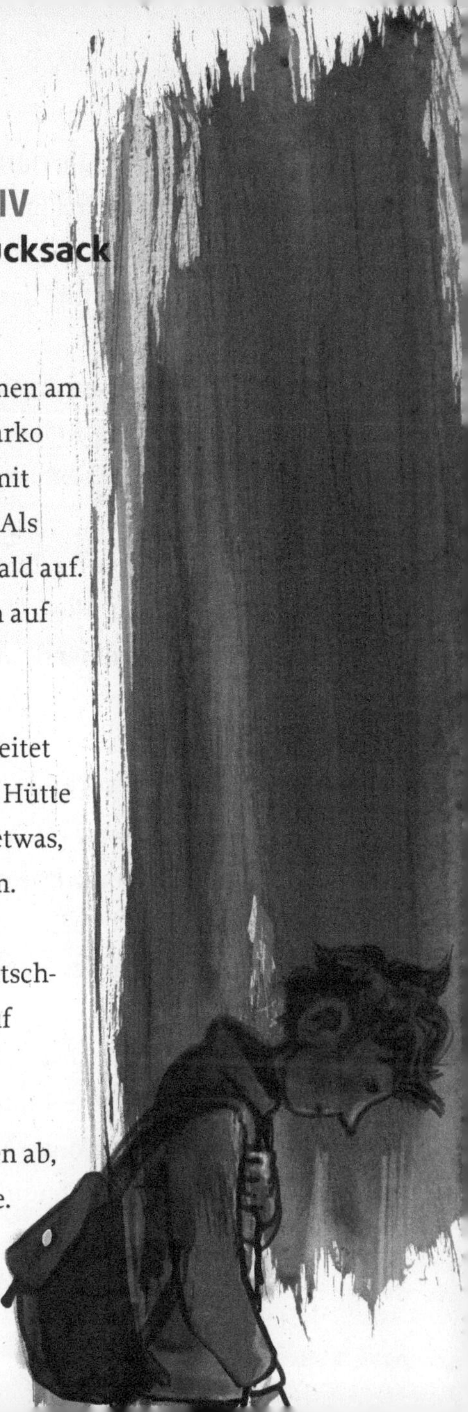

Als ich wenig später die Hütte betrete, streift er seine Wanderschuhe ab. Vertrockneter Matsch krümelt auf den Boden, und das alles ist so typisch Jörg: dass er mich freundlich grüßt, und dass er den Dreck gleich zusammenkehrt.

Auch seine Hände sind dreckig und das Haar mit Matsch verklebt, es steht keine Strähne mehr ab.

»Voll ausgerutscht«, sagt Jörg, als er meinen Blick sieht. »So komplett.«

Eine Wut jetzt: hier drin. Im Ohr, in der Faust. Eine Wut auf alles, auf mich, auf alles.

Jörg wäscht sich die Hände. Mit einem Handtuch und etwas Wasser versucht er auch seinen Rucksack vom Dreck zu befreien.

Ich sollte etwas sagen, etwas tun, sollte ihm helfen.

Ich schweige, ich setze mich hin, ich sehe nur zu.

Den gröbsten Schmutz kriegt er nach und nach ab. Den einen verbliebenen Pin hält er unter laufendes Wasser und dreht ihn dann prüfend zwischen den Fingern. »Zugspitze«, sagt er. »Dieses Jahr waren wir oben. So richtig mit Stahlseilen und Eisensprossen. Eigentlich nichts für Kinder.«

»Cool«, sage ich, meine Stimme ganz heiser.

»Ja, war prima«, sagt Jörg. »Auch nichts für Leute mit Höhenangst.« Er zieht sich um, stopft die dreckigen

Klamotten in seinen Wäschesack, überlegt noch mal und faltet sie dann doch erst zusammen. Ich vermute, damit sie weniger Platz wegnehmen.

Er legt sich mit dem Zauberwürfel hin und deckt sich trotz der Hitze zu.

Warum gibt es hier keine Grillen?

Ich tue, als würde ich lesen, tue, als wäre alles gut, alles normal. Alles, wie es sein darf.

Nach wenigen Minuten hat Jörg den Würfel fertig, alle Farben komplett. Er mischt sie wieder und fängt von Neuem an.

XV
Die Wut: Wolf

In der Nacht: Der Wolf ist wieder da. Der Wolf heult. So laut. Im dämmrigen Licht die gelben Wolfsaugen. Sie sind überall. Das Fenster hat gelbe Augen, der Tisch hat gelbe Augen, von der Decke starren sie herab.

Was will der Wolf? Wen ruft er?

Wenn ich im Traum meine Augen schließe, sehe ich durch seine Augen. Sehe, wie Jörg vor seinem Rucksack kniet und ihn sauber kriegen will. Wie er schrubbt.

Am Morgen weckt Koriander mich komplett früh auf: Frühstück machen. Ich ziehe mich an, komme mir wie eine Zeitlupe von mir selbst vor, bin marode vor Müdigkeit. Das Ferienlager fühlt sich gerade an nach genau dem Gegenteil von Ferien: Arbeit, Stress, Angst.

Nur noch diesen Tag irgendwie durchkriegen.

Jörg schläft, die Decke bis unters Kinn gezogen. Der Zauberwürfel liegt auf dem Kissen neben seinem Kopf. Ich stelle ihn auf den Nachttisch.

In der Küche: Benisha, Sinan und, zu meiner Überraschung, der Koch. Der Koch ist wieder angewachsen, noch nicht ganz auf seine drei Meter, aber auf dem Weg dahin. Er scheint sich besser zu fühlen und schneidet Gurken mit einer ausgedachten Geschwindigkeit.

Heute ist der »Tag der Spiele«, und in der Nacht findet ein »Nachtwalk« statt. Ich sage es, wie es ist: Die Aktivitäten-Hölle brät uns gnadenlos weiter.

Jörg holt sein Frühstückstablett als einer der Letzten. Er lässt sich mir gegenüber nieder, glasiger Blick, Augenringe wie ein Erwachsener.

Der Koch ist ihm gefolgt, ein besorgter Koch. Als er sich zu uns setzt, ächzt unter ihm die Bank, und die Luft brummt, als er sagt: »Jetzt mal raus mit der Sprache, was ist mit euch los?«

Ich räuspere mich, Jörg presst die Lippen zusammen.

Er wird nichts sagen.

Ich werde nichts sagen.

Also sage ich das: »Ich habe hier immer den gleichen Albtraum.«

»Warum?«, fragt der Koch, wo andere fragen würden: »Welchen?« Da ich aber das Warum nicht kenne, erzähle ich dann doch das *Welchen.* »Da ist ein Wolf«, sage ich. »Er kommt jede Nacht.«

»Jagt er dich?«, fragt der Koch.

»Nein.«

»Frisst er dich?«

»Noch nicht. Vielleicht heute Nacht.«

»Wie sieht er aus?«

»Na, wie ein Wolf.«

»Vielleicht ist er lieb?«, sagt der Koch, und das ist der Moment. Das ist der Moment, da der stille Jörg aufsteht und ein Mal seine Stimme erhebt. Der Moment, da alles sonst – der Koch, das Frühstück, die Tische und die eingeritzten Namen, da Wald und Himmel, Kinder und Kindheit, Gitarren, Schmetterlinge, Wasserfälle, Mücken, da alles, was wir machen müssen, obwohl wir es nicht machen wollen, die

Ängste, die wir erdulden müssen – stillsteht.

Es ist der Moment, da Jörg schreit: »NEIN!« Und sein Essenstablett zu Boden schmeißt und nichts kaputtgeht, weil alles aus scheiß Plastik ist.

»Der Wolf guckt dich einfach nur an! Mit diesen gelben Augen guckt er dich an! Mit diesen Augen, die können alles sehen! Manchmal kommt er so nah, da kannst du seine Zähne schmecken! Und er könnte dir – er könnte dir alles wegnehmen! Alles! Er ist schnell. Aber du nicht. Er ist stark. Du bist es nicht. Er ist wild, er ist Wolf. Und er will was von dir, aber was will er?

Will er, dass du dich wehrst? Wie wehrt man sich gegen solche krassen Augen und gegen solche krassen Zähne? Wie geht das?«

Jörgs Augen: weit.

Jörgs Wangen: rot.

Jörgs Stille: alles. Ja, das ist alles Jörgs Stille. Sie gehört nur ihm. Eine solche Stille gibt es nur dann, wenn du etwas Wichtiges zu sagen hast.

Der Koch legt Jörg seine große Kochhand auf den Kopf. Aber die braucht Jörg nicht. Die braucht er jetzt kurz mal nicht.

Woher weiß Jörg von dem Wolf? Zwei können doch nicht den gleichen Traum haben.

Rede ich im Schlaf?

War es Schlaf?

Der Koch spricht mit den Betreuern, geht kotzen, spricht noch mal mit den Betreuern.

Die Betreuer sprechen endlich mit Jörg.

Sonst herrscht Stillstand seit Jörgs Stille. Das Ferienlager unternimmt nichts, bastelt nicht, singt nicht. Alle haben sich in ihre Grüppchen zurückgezogen, und wenn ich mich so umsehe, dann bin nur ich allein.

Wo ist eigentlich Marko? Spielt Basketball mit den Dreschkes, ihr Ball ist ein – Igel? Würde mich wirklich nicht wundern. Ist aber hoffentlich nur ein Igel-mäßiger Gegenstand. Die gute Nachricht ist: Er hat mich den ganzen Morgen einfach ignoriert.

Ich hätte auch gern ein Grüppchen. Vielleicht wäre das alles leichter zu ertragen, diese ruhige Unruhe, die sich schwer auf die Lichtung gelegt hat.

Der Koch könnte mein Grüppchen sein. Er nimmt Fische aus in der Küche. Ohne zu kotzen. Scheint also auf dem besten Weg zur Besserung.

Ich frage den Koch, was er zu den Betreuern gesagt hat.

»Dass sie betreuen sollen«, sagt der Koch.

Ich sage: »Die sollten mal mit Marko reden.«

Er sagt: »Hast du mal mit Marko geredet?«

Ich räuspere mich.

»Die Regeln macht der, der die Macht hat«, sagt der Koch.

»Hä?«, sage ich.

»Die Regeln bewusst zu brechen, gibt dem, der die Regeln bricht, das Gefühl von noch größerer Macht«, sagt der rätselhafte Koch. Oder verstehst du, was er meint?

Jörg läuft am Fenster vorbei, ich passe ihn ab. Schweigend laufen wir zu unserer Hütte. Es gäbe so viel zu sagen. Wir sagen nichts.

Jörg packt Zeichenblock und Stifte aus, Jörg zeichnet. Es hilft ja nichts.

»Jörg?«

»Ja?«

»Wie geht es dir?«

»Na ja.« Er zieht die ersten Striche übers Papier.

»Was hast du mit den Betreuern gesprochen?«

»Wegen Marko. Dies und das.«

»Und was sagen sie?«

»Ich soll ihn meiden. Und sie werden Marko das Gleiche empfehlen. Also, mich zu meiden.«

»Empfehlen?«, frage ich.

»Empfehlen«, sagt Jörg.

»Und das wars?«

»Die Bella hat erzählt, was sie macht, wenn sie traurig ist.«

»Und?«

»Sie hört Musik oder ruft eine Freundin im Allgäu an.«

»Willst du eine Freundin im Allgäu anrufen?«, frage ich.

»Ich bin ja gar nicht traurig«, sagt Jörg. Und als wollte er das zeigen, führt er schwungvoll den Stift übers Papier.

»Was sagen die anderen?«

»Koriander sagt: Wird schon.«

»Was wird?«, frage ich.

»Schon«, sagt Jörg und grinst.

»Und Pietritsch?«

»Ich soll das nächste Mal bitte kein Tablett werfen.«

»Ich fand das super mit dem Tablett«, sage ich.

»Was spricht gegen Tablettweitwurf nach dem Mittagessen?«, fragt Jörg.

»Nichts«, sage ich.

»Zorro, oder wie die eine heißt, sie hat gefragt, von wegen, was ich denke, was die beste Vorgehensweise in meiner Situation ist.«

»Was hast du geantwortet?«

»Dass ich mir nicht sicher bin, ob sie wissen, was meine Situation ist. Und dass es die Situation wohl nicht gäbe, wenn ich die beste Vorgehensweise wüsste.«

»Ja«, sage ich.

»Ja«, sagt Jörg.

Vom Bett aus erkenne ich nicht, was er zeichnet, nur, dass seine Handbewegungen immer schneller werden.

»Ja, und dann haben sie vorgeschlagen, dass ich meine Eltern anrufe.«

»Und?«

»Ich hab gesagt, ich hab nur meinen Vater.«

»Oha.«

»Genau. Alle sind immer erst mal ein bisschen *Oha*, wenn ich sie da korrigiere. Die Betreuer auch. Beschämt, weißt du? *Tut uns leid, wussten wir nicht.* Und so. Sie haben das mit dem Anrufen jedenfalls gleich wieder vergessen. Ich hab sie auch nicht daran erinnert, ich wollte gar nicht anrufen.«

Ich kenne das auch, die Verlegenheit, wenn ich sage, dass ich meinen Vater nicht mehr sehe. Sollte ich das Jörg gegenüber erwähnen? Ich weiß allerdings nicht, vielleicht lebt Jörgs Mutter gar nicht mehr? Eine tote Mutter ist ein ganz anderer Schnack als ein mieser Vater und Ehemann.

Jörg malt die Zeichnung mit Farbstiften aus. Ich sehe Grau, ich sehe Gelb.

»Und das wars?«, frage ich nach einer Weile.

»So ziemlich. Ach, genau. Bella ist noch eingefallen, wie sie in ihrer Schulzeit von jemandem *geärgert* wurde. Sie hat dann angefangen zu meditieren. Den Ärger hatte sie weiterhin, fand den aber weniger schlimm.«

»Die reden immer so drum herum«, sage ich.

»Wir doch auch«, sagt Jörg.

Ich glaube, ich weiß, was er zeichnet.

»Jörg? Das mit dem Wolf. Das war doch nur ein Traum. Ein Traum von mir. Können wir beide den gleichen Traum –«

Jörg unterbricht mich: »Überall sind Spuren von anderen, die hier ihre Ferien verbracht haben. Kritzeleien auf Wänden, Kratzer in Tischen, Löcher im Bettzeug, Graffiti im Klo. Popel unterm Bettgestell. Ich finde das gut«, sagt Jörg.

Er ist fertig mit der Zeichnung und sieht sie sich an. »Ich finde das gut: Spuren in der Welt zu hinterlassen.«

Ich stelle mich hinter ihn. Da ist die Schnauze, da sind die scharfen Zähne, das Fell, die Krallen, der Augen gelbes Leben.

Unser Wolf.

Jörg reißt das Blatt aus und reicht es mir.

Der Wolf blinzelt. Und mich packt wieder die Wut von gestern, als ich Jörgs dreckigen, nassen Rucksack sah. Die Wut zerrt mich aus der Hütte und über den Platz, die Wut sucht und findet Marko im Haupthaus. Er spielt *Uno* mit den Dreschkes. Die Wut stellt mich ab vor dem Tisch. Die drei blicken überrascht zu mir.

Marko spricht als Erster: »Magst du mit uns spielen?«

Die Wut sagt nichts.

»Wir aber nicht mit dir«, sagt Marko.

»Haha«, lache ich, indem ich »Haha« sage, ohne zu lachen. Irgendein Mut, irgendwas. Irgendwas will ich jetzt von Marko, ganz zittrig will ich es.

Marko entgeht das nicht. Er knallt die Karten auf den Tisch wie im Film, und steht ruckartig auf, wie man aufsteht, wenn man aufsteht, um deutlich zu zeigen: I c h s t e h e j e t z t f ü r d i c h a u f.

Es wirkt, denn ich merke sofort: Ich kann das nicht, ich bin das nicht. Was auch immer ich vorhatte, ich lasse es sein.

»Gibt es ein Problem?«, sagt Marko.

»Ja«, sage nicht ich. Der Koch sagt es. Steht im Türrahmen,

noch immer recht blass, aber blass *und* riesig. »In der Küche. Zu wenige da. Du kommst mit, Möhren raspeln.«

»Wieso denn ich?«, sagt Marko.

»Du hast frei und hast noch nicht«, sagt der Koch.

»Ich spiele Karten und ich will nicht«, sagt Marko und mahlt hart mit dem Kiefer.

Und jetzt sagt der Koch einfach nur: »Witschi.« Schon super, dass es nur das braucht – einen Namen, damit komplett klar wird, er meint es ernst und seine Geduld ist am Ende.

Witschi ist Markos Nachname und Witschi seufzt, als wäre ihm das jetzt nur lästig, und sagt zu den Dreschkes: »Ihr macht das.«

So. Was würdest du jetzt tun, wenn du der Koch wärst oder die Dreschkes? Ich, als Koch, würde sagen: »Ich will aber dich.« (Ich weiß, ist blöd, wenn Erwachsene so rumbefehlen, aber es würde den Richtigen treffen.) Und wäre ich die Dreschkes, würde ich sagen: »Mach doch selber.«

Aber ich bin nicht die Dreschkes, die sagen nämlich »Okay«. Und ich bin auch nicht der Koch, der sagt »Von mir aus« und nimmt sie mit.

Ausgestattet mit etwas Restmut, der aber nicht ausreicht, um allein mit Marko im selben Raum zu bleiben, laufe ich hinterher und frage die Dreschkes, warum sie das für Marko machen.

»Der hat doch die ganzen Lebensmittelallergien«, sagt Dreschke 1, als müsste ich das wissen. Dreschke 2 fügt hinzu: »Hättest du Freunde, würden die auch mal für dich was tun.«

Das sitzt. Etwas für jemanden tun.

Ich sehe mich um.

Marko mischt die Karten.

Meine Wut und mein Mut möchten nicht mitspielen.

Als ich auf die Lichtung zurückkehre, steht die Stille nicht mehr. Alle sind wieder beschäftigt: Stöcke klackern beim Wikingerschach, Kugeln beim Boule, Würfel rollen über Brettspielfelder. Einige basteln Laternen, andere bohren eine Baumscheibe für eine Sonnenuhr an.

(Benisha spielt Schach mit Sinan. Aha. Ich kann auch Schach. Aber gut.)

Die Betreuer gehen herum, helfen, wo sie gebraucht werden, sprechen und lachen.

Ich stehe herum und denke: Ich stehe hier herum.

Koriander singt. Singt von einem Kuckuck, der lieber die Nachtigall wäre.

Ich setze mich an einen freien Tisch mit meinem Buch. Ich stelle mir vor, jemand (Benisha?) kommt rüber und kennt das Buch und freut sich, dass ich es lese.

Ich habe nur noch ein paar Seiten, dann bin ich durch. Es

wird vermutlich gut ausgehen für die beiden Jungs. Trotz Stress, trotz Außenseiter-Sein. Das mag ich an Büchern eigentlich nicht, dieses dauernde gute Enden. Weil, überleg mal, wie es im Leben eigentlich läuft. Wie die Enden meistens wirklich enden.

Ich habe noch sechs Seiten, höre aber auf. Ich höre auf, weil die Jungs gerade richtig gut zueinander sind. Füreinander lügen, einander beistehen. Und weil das Ganze vielleicht trotzdem nicht gut ausgehen wird. Ich höre auf, ich will, dass ihre Geschichte gut endet. Wie endet unsere Geschichte?

Zum *Nachtwalk* wollen fast alle mit. Ich brauche erst mehr Infos, also ab zu Pietritsch.

»Herr Pietritsch«, sage ich.

Und er: »Piet.«

»Warum heißt es *Nachtwalk* und nicht *Nachtspaziergang*?«

»Lass mich raten: Du willst nicht mit?«

»Ich lehne die Natur tags und nachts ab.«

»Okay.«

Interessant, er fragt nicht weiter. Irgendwie stört mich das. Ich hätte gern, dass er wissen will, warum ich nicht mitgehe.

»Habt ihr genug Laternen?«, frage ich.

»Denke, ja.«

»Wird gesungen?«

»Wer Angst hat, kann singen. Klar.«

Würde er jetzt »Komm doch mit« sagen, könnte ich »Na gut, wenn es sein muss« antworten.

»Und sonst?«, fragt Pietritsch.

»Ja«, antworte ich.

Am Abend beobachte ich aus der Hütte, wie die Lichtung sich füllt. Auch Jörg ist dabei mit einem Windlicht, abseits und trotzdem ein Licht unter vielen. Die Lichter flimmern, helle Stimmen rufen zum Aufbruch. Ich mache das Fenster zu und wäre gern nicht allein.

Ich versuche es noch mal mit Jörgs Zauberwürfel. Vor der Tür ein Geräusch. Wolf? Marko? Die Klinke senkt sich und schnellt wieder hoch, im Türspalt erscheint Jörgs Ohr, Jörgs Gesicht. Mit dem Ellenbogen drückt er umständlich die Tür auf und betritt den Raum. Er hat ein zweites Windlicht dabei.

»Das ist für dich«, sagt er und reicht es mir.

Ich weiß nicht, was ich sagen soll, und was ich dann sage, ist komplett unnötig: »Hast du die selbst gemacht?«

»Erwischt«, sagt Jörg. »Nö. Ich hab die einfach genommen. Da waren so viele, fällt keinem auf.« Und nach einer kurzen Pause: »Komm mit? Noch können wir die anderen einholen.«

Ich drehe den Zauberwürfel in der Hand.

»Na gut«, sage ich, um ja nicht zu zeigen, wie komplett mich seine Rückkehr und Einladung freut.

Im Wald bleiben wir beieinander. Ich schaue aber auch, wo Benisha ist, und diesmal schaue ich nicht nur, sondern gehe da auch entschlossen hin. Und als ich sie einhole, gehe ich an ihr vorbei, als hätte ich weiter vorne etwas zu tun.

Jörg holt mich ein.

»Sag doch was zu ihr«, sagt er.

»Doch was zu ihr«, sage ich.

Dann lachen wir beide.

Der Wald ist ganz schön finster, den Lichtern zum Trotz. Ich stolpere, Jörg fängt mich auf. Jörg stolpert, ich komme zu spät. »Alles paletti!«, sagt Jörg. »Aua.«

Marko und die Dreschkes verstecken sich und machen »unheimliche« Geräusche. Irgendwie funktioniert das aber nicht so gut, weil man das von Marko und den Dreschkes sowieso erwartet und auch weil sowieso alle ein bisschen Angst haben (und es natürlich nicht zugeben würden).

Schon wieder das mit der Angst. Das mit dem Zugeben.

Wie fühlen wir uns wohl für den Wald an? Ein unruhiger

Lichtschwarm stampft ungeschickt und ein bisschen ängstlich in ihm herum.

Koriander singt. Ein paar Stimmen kommen dazu, dann immer mehr.

Später dann, in der Hütte, in dieser Nacht: Der Wolf kratzt an der Tür. Jörg steht auf und lässt ihn herein. Der Wolf legt sich neben das Bett und wacht über uns.

XVI
Beate

Am letzten Tag des Ferienlagers gibt es nach dem Frühstück einen Vortrag. Rat mal, worüber. Richtig, über den Wald. Eine Försterin torkelte aus demselben, kletterte auf den Brunnen und legte ohne großes Hallo-Danke los.

Falls es überhaupt eine echte Försterin war. Sie trug Omaklamotten und war überhaupt komplett Oma, die Haare ganz weiß und so. Soll jetzt nicht heißen, dass Omas nicht Försterin sein können. Gleichzeitig sah sie komplett fit aus. Braungebräunt, sehnig, Muskeln im Kiefer. Eine komplett fitte Komplett-Oma mit einem beeindruckenden Jagdmesser an der Hüfte.

Sie legte los oder soll ich sagen: Sie lallte los? Ehrlich, ich glaube, sie war ziemlich betrunken, was aber egal war, weil sie zwar undeutlich redete, aber sehr deutlich war.

Es sei ihr klar, sagte sie, dass der Wald den meisten von uns egal ist. Und das wiederum, sagte sie, sei ihr egal. Sie wolle uns nicht davon überzeugen, den Wald weniger egal zu finden. Wenn überhaupt, wolle sie uns überzeugen, für den Wald alles zu geben.

Alles geben? Klang übertrieben. Aber je länger sie sprach, desto mehr war ich zu geben bereit. Geschafft hat sie das nicht mit so typischen Öko-Sprüchen, von wegen: »Wenn jeder von euch jeden Tag einen Baum pflanzt, sterben die Eichhörnchen nicht aus.« Sondern sie hat eine Hasstirade nach der anderen abgefeuert. Erst gegen die Industrie – Kohle, Holz, auch Nahrung. Dann gegen die verfressene, fleischfressende Menschheit. Und zuletzt, am heftigsten, gegen Politiker, die nicht Politik für Menschen machten, sondern für die Industrie. (Weshalb sie an der Stelle noch mal gegen die Industrie abging.)

Das alles kam so heftig raus aus der Extrem-Oma, dass Jörg mich fragte, ob der Vortrag wirklich für uns geeignet sei. Er kriegte ein ganz komisches Kribbeln am Kopf, weil die so fluchte.

Nach den Hasstiraden hatte die Försterin einen langen Schluck aus ihrer Thermoskanne genommen und auf einmal komplett ruhig erklärt, wie das nun alles miteinander zusammenhängt: Industrie, Fressen, Politik.

Und Klima. Ja, Klima war natürlich auch Thema, Klima ist immer Thema. Und wenn du jetzt meinst, dir wird hier noch nebenbei etwas über den Klimaschutz erzählt, dann irrst du dich. Über Klimaschutz müsstest du schon sehr viel wissen, sonst ist bei dir irgendwas schiefgelaufen.

Das, was die Försterin über das Klima zu erzählen hatte, hatte wieder mit dem Wald zu tun. Mit der Abholzung der Wälder, um genau zu sein. Und wie wir, indem wir immer mehr Wälder killen, auch immer mehr Leben killen. Die Menschen sind sowohl der Arsch als auch sich selbst die Arschkarte. (Ihre Worte, falls du dich wunderst.)

Wälder sind dabei völlig hilflos! Die können sich ja nicht wehren gegen die Menschen. Nur Menschen können sich gegen die Menschen wehren, die Wälder roden. Also gegen die Firmen. So was wie Trockenheit oder die extremen Wetter, das macht die Wälder zusätzlich fertig und damit auch alles, dem der Wald ein Zuhause ist (jede Menge Zeug und Kraut und Viecher).

Und wenn die Bäume verdursten, übersäuern die Böden, sogar die Moose haben es dann nicht leicht, und am Ende sterben massenweise Tiere. Ganze Spezies existieren jetzt schon gar nicht mehr, andere haben wir aber auch bald ausgerottet. Außer die Mücke natürlich, diese Ausgeburt der Hölle. (Meine Worte, nicht ihre.)

Die Mücken sind die Einzigen, die den Klimawandel genießen.

Ich hatte *fast* alles verstanden und konnte mir – weil die Försterin so brutale Beispiele brachte – auch alles richtig gut vorstellen, inklusive der vielen qualvollen Arten, wie die

Arten aussterben werden. Das wiederhole ich jetzt aber nicht, vielleicht hast du ein zartes Gemüt.

Warum habe ich aber nur *fast* alles verstanden?

Weil ich zwischenzeitlich von Marko abgelenkt war. Der warf *unauffällig* Steinchen in unsere Richtung. Ziel war, welch Wunder, Jörg.

Nach dem zweiten Treffer machte Jörg Folgendes: Er ging ganz vor zum Brunnen, auf dem die Försterin stand, und postierte sich oben auf dem Rand direkt neben ihr. Die Försterin brach kurz ab, weil das schon etwas seltsam ist, wenn da plötzlich einer neben dir als Rednerin auftaucht und mit seinen großen Ohren ehrlich interessiert lauscht.

Jörg sagte nur: »Machen Sie ruhig weiter.«

Also zuckte sie mit den Schultern und machte weiter, und Marko warf keine Steinchen mehr.

Zum Schluss wurde es noch mal spannend, leider aber auch leicht verwirrend. Es ging um Krankheiten und wie gefährliche Viren von Tieren auf Menschen springen, weil wir Wälder abholzen für die Massentierhaltung. Klang komplett krass und eben auch kompliziert. Ich habe es der Försterin dann aber einfach geglaubt, so überzeugend, wie sie erzählt hat, so wütend, ernst und laut.

Einige haben das Apokalyptische nicht ausgehalten. Sinan hat es beim Borkenkäfer zerrissen, als die Försterin beschrieb, wie der Käfer den Baum von innen aushöhlt und der elendig verreckt. Sinan ist so richtig zusammengebrochen, man musste ihn stützen, und die Försterin hat mit dem Finger auf Sinan gezeigt und gerufen: »Ja! Richtig! Rotz und Wasser solltet ihr heulen!«

Ich war hin und weg.

»Ihr braucht *Wald* als Schulfach, ihr verwöhnten Stadtblagen«, brüllte die Försterin und ballte die Faust und nahm noch einen Schluck. Den Spruch hätte ich vor dem Auftritt komplett blöd gefunden. Jetzt fand ich ihn komplett unblöd. Super war das! Eins-A-Performance auch, wirklich.

Auf einmal konnte ich mir für mein erwachsenes Mich vorstellen, tagsüber Kohle zu scheffeln und am Wochenende gegen Kohle zu protestieren. Ich wäre einer von denen, die sich an Bäume ketten, damit die nicht abgeholzt werden. Ich konnte mir kurz sogar fast vorstellen, direkt im Wald zu leben. Ich! Im Wald!

Ich bräuchte nur ein bequemes, stylisch eingerichtetes Baumhaus mit Internet und Warmwasser und Mückennetzen.

Der letzte Satz von der Försterin war dieser: »Ich heiße Beate, übrigens.«

Wie super ist das denn?

Sich erst am Ende von so einer Rede vorstellen!

Das merke ich mir für alle Zeiten.

Jetzt ist Beate, die Försterin, fertig. Sie fragt nicht, ob es noch Fragen gibt, warum auch? Beate streckt den Arm aus und ballt die Faust. Am Waldrand wartet Dietmar auf sie. Beate springt auf und sie reiten in die Tiefe ihres Waldes davon.

XVII
Die letzten Stunden im Ferienlager im Wald

Vergehen schnell. Das liegt ausschließlich daran, dass die Betreuer uns die Handys zurückgegeben haben. Seitdem starren alle auf die Bildschirme und zocken.

Das Lagerfeuer wird schon gegen Mittag entfacht, einfach damit irgendwas mal nicht auf einem Bildschirm geschieht. Und irgendwie macht das was mit uns, das Feuer, wir versammeln uns, stecken die Handys ein. Bella holt die Gitarre. Jörg seinen Zeichenblock.

Jörg zeichnet das Lagerfeuer, zeichnet die anderen, die Dreschkes und den ihn beäugenden Marko. Er zeichnet mich, wie ich mal nicht warte, dass Zeit vergeht, sondern Benisha eine Frage stelle und auf eine antworte, die sie mir stellt. (Nein, verrate ich dir nicht.)

Auch schreibe ich Mutter eine Postkarte. Einen Briefkasten gibt es nicht, aber wir fahren heute eh nach Hause, also gebe ich sie ihr einfach.

Hallo, Mama, ich bin es!

Ich bringe vierzehn Mückenstiche mit. (Musst nichts drauftun.)

Ich habe nicht gemacht: weit gewandert, hoch geklettert, viel gebastelt, den Wald angezündet. Du kannst also stolz sein auf mich.

Hoffe, Du hast Salat gekauft, machen wir zusammen?

Hdl.

Nach dem Mittagessen zieht etwas Wind auf und etwas Elan. Pietritsch ruft uns zusammen, er hat was herausgefunden.

»Hier in der Nähe ist eine slawische Burgruine!«, ruft er und liest den *Wikipedia*-Eintrag so leidenschaftlich vor, dass es niemand, nicht einmal ich, übers Herz bringt, die Ruine nicht noch spontan zu besuchen.

Kaum unterwegs, legt Jörg los: Er freue sich *wie ein Schneekönig* auf den Ausflug (»Sag nicht *Schneekönig*!«). Sein

Vater und er sind nämlich große Fans von Burgen. Er werde die Ruine zeichnen wie auch alle anderen Burgen und Türme und Ruinen, die er mit seinem Vater erwandert hat. Ob ich die Evenburg kenne? (Seine Lieblingsburg in Ostfriesland.)

Sein Blabla nervt ein bisschen, aber ich lasse ihn reden und freue mich, dass ihn auch sonst niemand unterbricht. Darum sollte es eigentlich immer gehen: jemanden nicht unterbrechen.

Der gut gelaunte Jörg.

Mein selbstvergessener Schulkamerad.

Das mit Einander-Meiden scheint übrigens zu funktionieren. Vielleicht weil sich meist ein Betreuer entweder bei Marko oder bei Jörg aufhält. Ich ahne aber auch, so friedlich wie heute wird es für Jörg nicht bleiben.

Der Wind wird stärker. Wolken türmen sich auf über dem Wald.

Die Ruine ist eine Enttäuschung. Von der Burg ist nur ein Teil des Walls übrig, und der ist nicht etwa so ein hübscher Palisadenzaun wie bei Asterix, sondern bloß aufgeschüttete Erde. Dazu ein paar Felsen hier und dort, denen Pietritsch ein »wahrscheinlich hohes Alter« bescheinigt. In einer Birke flattert eine Supermarkt-Tüte.

»Hier«, sagt Pietritsch unter der Tüte und guckt auf sein

Handy, »hier lebte im neunten oder zehnten Jahrhundert ein slawischer Häuptling. Stellt euch das mal vor!«

Ich stelle mir nichts vor. Auch die anderen sehen sich hilflos um, als suchten sie etwas, woran sie ihre Vorstellung aufhängen könnten. Man hat ihnen eine Burgruine versprochen, bekommen haben sie einen Hügel. Wir schlendern planlos über die Vergangenheit, die hier verschüttet liegt.

Pietritsch stellt sich aber ganz sicher etwas vor. Er lässt den Blick streifen und seine Augen glänzen, ja, irgendwie stolz? Ein Mann in Cargo-Shorts, der Informationen und slawische Häuptlinge mag. Sein Ziegenbärtchen bewegt sich im Wind.

Marko hat eine Frage, was schon mal deswegen spannend ist, weil Marko sonst auf alles immer nur Antworten hat. Er fragt Pietritsch, und es kümmert ihn nicht, dass Jörg und ich zuhören, er fragt, ob es sein könnte, dass er, Marko, von dem slawischen Häuptling abstammt.

»Meine Großeltern sind Jugoslawen«, erklärt er. »Ist doch nicht ganz ausgeschlossen.«

Pietritsch denkt nach.

Jörg räuspert sich. Jörg sagt: »Könnte schon sein.«

Marko nickt und Pietritsch nickt auch und der slawische Häuptling schüttelt den Kopf. Aber den sehe nur ich. Und auch das sehe erst mal nur ich: Direkt vor Pietritschs Füßen glänzt etwas im Gras.

Eine uralte, komplett archäologische slawische Münze?

Marko steht neben Pietritsch links und denkt vielleicht über sich als Häuptling nach.

Jörg, mit Zeichenblock rechts, denkt vielleicht nach, wie er etwas zeichnen soll, das gar nicht da ist.

Jeder von ihnen könnte das Glänzen bemerken und aufheben. Auch ich. Aber ich tue es nicht. Ich tue es deswegen nicht, weil ich mir wünsche, dass Jörg einen Schatz findet. Am besten so: Marko stellt ihm das Bein, Jörg fällt mit dem Gesicht direkt neben die Goldmünze, zack!

Der Wind kämmt das Gras.

Marko klettert auf den Hügel und spuckt in den Wind.

Pietritsch starrt auf sein Handy und latscht davon.

Jörg aber bückt sich und hebt das Glänzen auf. Hält es auf der Hand, hält es auf seiner Pfote, und lächelt.

Ich tue, als hätte ich nichts gesehen. Ich möchte nicht mal wissen, worum es sich handelt. Ein Goldtaler, dem slawischen Häuptling durch das Loch in der Hosentasche gefallen und in unserer Gegenwart gelandet. Eine Spur, die der Häuptling in der Welt hinterlassen hat. So wie jemand ein Herz drüben auf einem der alten Felsen hinterlassen hat: darin zwei glückliche Namen. So wie die Tüte.

Wir sind Verliebte oder nicht. Häuptlinge oder keine Häuptlinge, wir sind Köche oder Ferienbetreuer oder summen gern. Wir sind Wolf oder kein Wolf. Wir sind Marko oder Jörg oder du. Wir haben komplett Glück oder gar nicht oder manchmal. Alle hinterlassen wir unsere Spur.

»Das wird heftig«, sagt Jörg und sieht in die Wolken. »Wir sollten mal langsam zurück.«

(Er wird recht behalten.)

Ich heiße Kemi, übrigens.

Fi

Danke, Katja Sämann, für das Sprechen der Sprache der Flöhe, für die Nähe und die Weitsicht.

Danke, Svenja Harten & Maria Motter & Michael Fiedler, danke, Werner Nikisch & Werner Gebhard, danke, Christian & Sandra Huse, danke, Nina & Joshua Ramcke für Zeit und Rat, Verstand und Beistand.

WOLF
Pilz
LAUB
WOLF

Saša Stanišić

Fallensteller

Erzählungen

288 Seiten, gebunden

Zaubern im Gemeindesaal,
Kommoden zersägen in leiser Wut,
in merkwürdigen Wettkämpfen glorios gewinnen,
irrlichtern durch die Welt:
Erzählungen von Saša Stanišić

»Ein genialer Erzählungsband. Von dem wird man lange reden.«
Denis Scheck

»Schillernd und faszinierend wie Insektenflügel, so sind
Saša Stanišićs Texte.«
Tilman Strasser, Tagesspiegel

Luchterhand
www.luchterhand-verlag.de

EIN UNSICHTBARER HUND FÜR LUZE

Tamara Bach
DAS PFERD IST EIN HUND
Hardcover
240 Seiten
ISBN 978-3-551-55802-2
Auch als E-Book erhältlich

ES IST WINTER UND SO KALT, dass alle Schulen geschlossen werden. Erst kommt es Clara fast vor wie ein langes Wochenende oder schneefrei. Aber je länger es dauert, desto dunkler und trauriger fühlt es sich an. Wie gut, dass Claras kleine Schwester Luze einen unsichtbaren Hund hat, der manchmal sehr groß und manchmal sehr klein ist. Und wenn er pupst, riecht es nach Lebkuchen. So ein Hund kann gut trösten – nicht nur Clara, sondern alle im Haus.

WWW.CARLSEN.DE

CARLSEN

MIT DEM TRAKTOR NACH BERLIN

Martin Muser
KANNAWONIWASEIN 1: KANNAWONIWASEIN! MANCHMAL MUSS MAN EINFACH VERDUFTEN
Hardcover
176 Seiten
ISBN 978-3-551-55375-1
Auch als E-Book und Taschenbuch erhältlich

KANNAWONIWASEIN! Da fährt Finn zum ersten Mal alleine mit dem Zug nach Berlin – und wird prompt beklaut. Zu allem Übel schmeißt ihn dann noch der Schaffner raus, mitten im Nirgendwo. Aber so lernt Finn Jola kennen, die immer einen flotten Spruch draufhat und weiß, wie man auf eigene Faust in die »Tzitti« kommt. Eine abenteuerliche Reise durch die Walachei beginnt, auf der die beiden einen Traktor kapern, im Wald übernachten, einem echten Wolf begegnen, Finns Rucksack zurückerobern – und richtig dicke Freunde werden.

W.CARLSEN.DE

CARLSEN

NICHTS HILFT SO GUT GEGEN ANGST WIE BESTE FREUNDE!

Josefine Sonneson
WIE MAN EINEN BAMMEL AUF HOSENTASCHENGRÖSSE SCHRUMPFT
Hardcover
160 Seiten
ISBN 978-3-551-55847-3
Auch als E-Book erhältlich

ELLI UND JARO SIND UNZERTRENNLICH, schon seit ungefähr immer. Sie wohnen im selben Haus und wollen endlich keine Angst mehr haben. Weder vor tiefem Wasser noch vor Hunden. Vielleicht klappt das ja, wenn sie einfach mal mit Otto, dem Nachbarshund, an den See gehen. Doch noch ehe Elli und Jaro sich ihren Ängsten stellen können, verkrachen sie sich gewaltig. Ob das mit Tami zu tun hat, dem neuen Mädchen aus dem zweiten Stock? Jedenfalls muss noch so einiges passieren, bevor sie ihren Plan umsetzen können. Aber dann trauen sie sich und lassen ihre Bammel auf Hosentaschengröße schrumpfen. Und das fühlt sich ziemlich gut an.

WWW.CARLSEN.DE

ELENA FLIEHT. ATLAS WARTET. AM ENDE DER WELT TREFFEN SIE SICH.

Anna Woltz
ATLAS, ELENA UND DAS ENDE DER WELT
Hardcover
192 Seiten
ISBN 978-3-551-55938-8
Auch als E-Book erhältlich

DER SOMMER IST GLÜHEND HEISS UND ELENA WILL NUR EINES: WEG. Und zwar so schnell wie möglich. Ein einziger Video-Post auf ihrem Social-Media-Account hat genügt, um die 13-Jährige in einen viralen Shitstorm zu katapultieren. Kein Tag vergeht ohne Hasskommentare und üble Mobbingattacken. Die abgelegene Farm ihrer Tante wird zu Elenas letzter Zuflucht. Noch auf dem Weg dorthin wirft sie ihr Telefon weg und schneidet sich die langen Haare ab. Auf der Farm trifft sie den verschlossenen und misstrauischen Atlas. Er hat die Fenster seines Schlafzimmers vernagelt und verschwindet nachts stundenlang im Dunkeln. Elena möchte zu gern wissen, warum er sich vor der Welt verschließt. Was hat er erlebt und wie kann sie einen Zugang zu ihm finden?

W.CARLSEN.DE

CARLSEN